毒親サバイバル

DOKU-OYA SURVIVAL

菊池真理子

MARIKO KIKUCHI

プロローグ

近所に、息子を大声で叱るお母さんがいます。
「やっておけって言っただろ！」
「わかった⁉　返事は⁉」
「わかったのかよー‼」
四方に響く絶叫です。それが時には、1時間。
私も、それから近所の人も、何度も児童相談所に連絡しました。
警察が来たこともありました。
どんな指導があったのでしょう。
お母さんの咆哮は、まだやみません。
小さかった子どもも、今は高校生。
今日は腰を90度に曲げて頭を下げ、
出かけるお母さんを見送っていました。

こんなに近くにいるのに、全然助けてあげられない。
お母さんが叫ぶたびに、家に押し入ればよかった？
ううん、そんなの現実的じゃない。
誰かがいなくなったら、あのお母さんは、きっとまたやる。
叫ばなくたって、子どもを目で威圧する。

何もしてあげられない無力さに、絶望しそうになります。
だから、あの子への罪滅ぼしのような気持ちで、
この本を描きました。
「どんな親でも子どもを愛してるんだから」とか
「育ててくれた親に感謝しなよ」とか
「親と不仲のヤツはヤバい」とか
「親を捨てるなんて不孝者」とかとか。
そんなバカなこと、言わない世の中にしたい。
本当は、愛で満ちた天国のような
家ばかりになるのが理想だけど、それがムリなら。
あの子が大人になった時、あたり前のように、
親から逃げるって選択ができる世の中に。
逃げてから、さらに傷つけられたりしない世の中に。
それが私たち元子どもの、できることかなと思います。

菊池《きくち》 真理子《まりこ》

目次

登場人物

ハタノ

『毒親サバイバル』
担当編集者

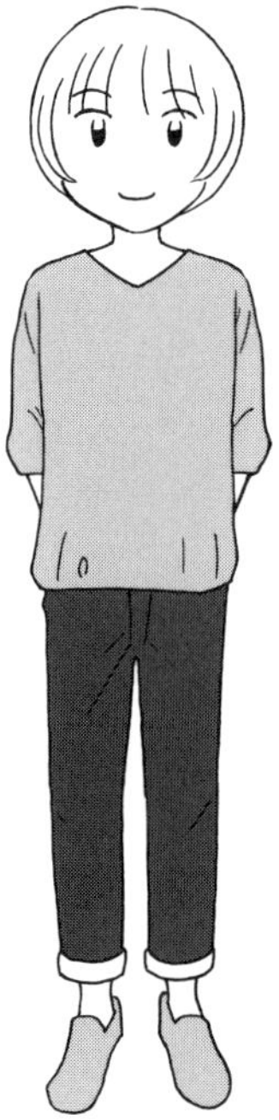

菊池《きくち》 真理子《まりこ》

毒親育ちのマンガ家

CASE.1 菊池真理子（マンガ家）の場合

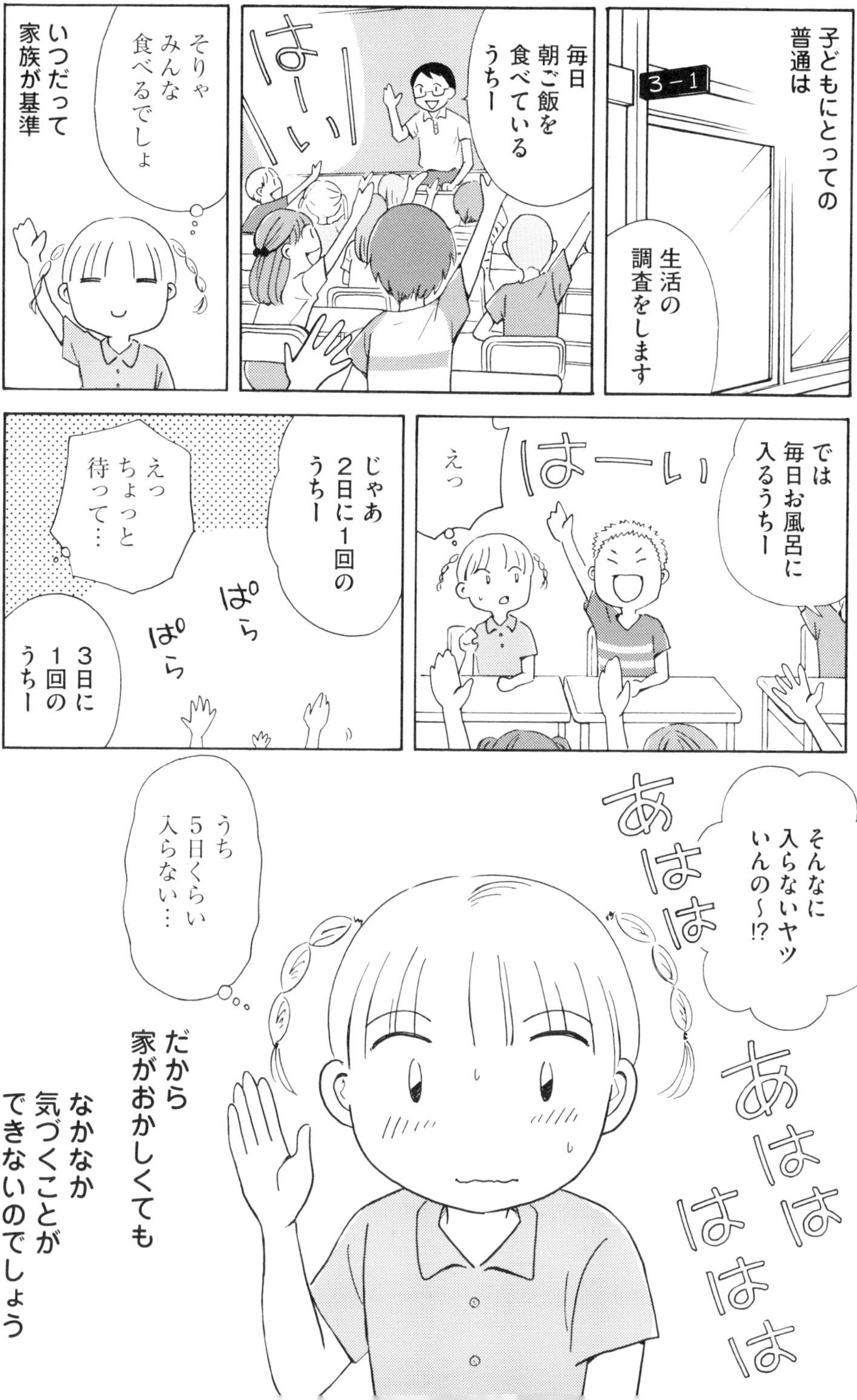

私が普通だと
思っていた
私のうちは
じゃあ
おやすみ
夕飯の後
連日のように
宗教の会合に
出てしまう
母がいて
いってらっしゃーい
お風呂の用意も
されないまま
妹と２人
８時には
寝かされ
父はというと
おーい
ねてるのか
あはははは
たいていは
大酔っ払いで
深夜に帰宅
そして
毎週末には
父の友人が集まり
徹マンの会場に
される家
ほかの日常を
見たことが
ないから
よそのうちも
こんなもんだと
疑いも
しませんでした

だから
お風呂の一件も
みんなは
毎日
入るのか
めんど
くさそ
なんにでもある
例外のひとつ
——くらいの
認識だった当時
思い返せば
私はけっこう
放っておかれて
いて
親が
勉強勉強
うるさい
言われた
ことない
旅行は
親の飲み会に
ついていく
感じだし
家族だけでは
行かない
一緒に買い物も
せず
オシャレも
教わらず
卒業写真には
私だけ
上下揃いの
ジャージ姿
髪ボサボサ
父は仕事と
飲み仲間
世界の平和
婦人部
母は宗教
二人とも
子どものほうは
向いていませんでした
だけど
ここが
パパと
ママの部屋
大人の男女が
一緒に寝る!?
なんつー
エロファミリー!
感じるのは
どうしても
〝うちは普通で
よそがヘン〟

父と寝ない 母が
泣いて 私のふとんに もぐりこんだり してたのに…
普通から はずれたと 自覚したのは
母が 自死した日
酔った父の 世話に疲れ
客には 召し使いのように コキ使われ
宗教に 救いはなく
どんなに 尽くしても 愛も感謝も 返されなかった母…
その時 私は 中2で 多感な14歳で
でも お母さん 私のこと 思い出さな かったの…？
思い出しても ダメだったの…？
私って その程度――…！

普通のままでいたくって
…私
頭ヘンにならないかな
まともな人間に育つかな…
しっかりしなきゃ
変なことしたら親が自殺したからだって
後ろ指さされる…
必死で自分をコントロール
悲しい現実は見えないよう感じないよう仮面をかぶって
人前では明るく元気なふりをして
続けるうちに本当の自分はどんどん薄くなり
はは
あはは
ローラントゴリラのおかえり〜
ちょっとお父さん何言ってんの
母が死んでも飲み続ける父の世話をする日々が
また私の普通になりました

生きづらいとすら思うことなく
ただ
あと肉まんふたつ
はい
一人ぶんの食べ物を買うことができなくなりました
誰かに頼まれて買ってるふり…
450円です
……
呼吸した時におなかが動くのを見られるのもイヤになり人前で息を止めるようにも
ありがとうございました
その時は自分でも理由がわからなかったけど
…肉まんふたつもいらない…
私なんかが生きようとしていると
知られることが恥ずかしかったのです

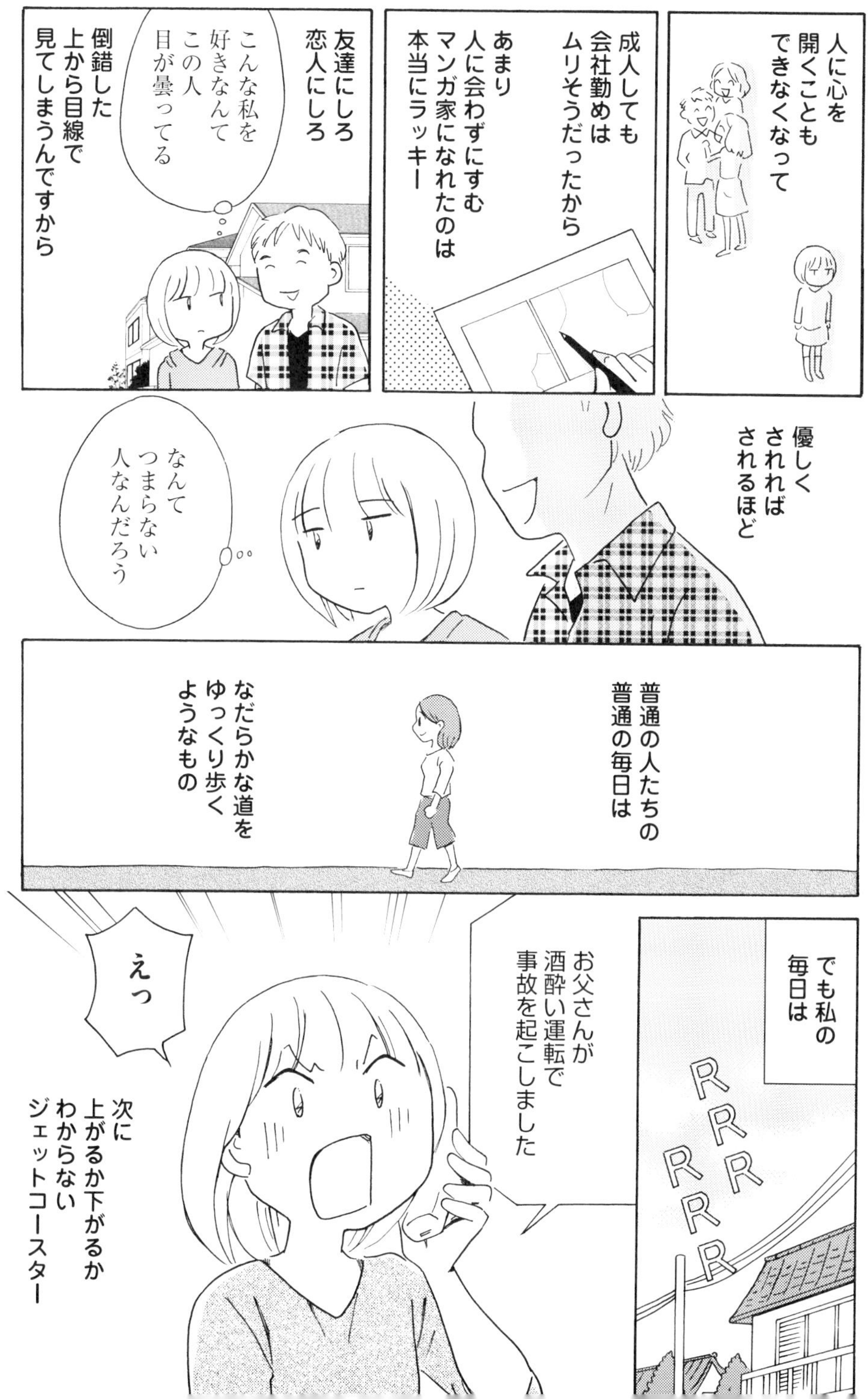

人に心を
開くことも
できなくなって
成人しても
会社勤めは
ムリそうだったから
あまり
人に会わずにすむ
マンガ家になれたのは
本当にラッキー
友達にしろ
恋人にしろ
こんな私を
好きなんて
この人
目が曇ってる
倒錯した
上から目線で
見てしまうんですから
優しく
されれば
されるほど
なんて
つまらない
人なんだろう
普通の人たちの
普通の毎日は
なだらかな道を
ゆっくり歩く
ようなもの
でも私の
毎日は
RRRRRR
お父さんが
酒酔い運転で
事故を起こしました
えっ
次に
上がるか下がるか
わからない
ジェットコースター

ずっとそれに乗ってたから
歩くのはスリルがない
本当は息つくヒマなく振り回されてるだけなのに
だから深くつきあった恋人は
お前別の男見てただろ
へ？見てないよ
大酒飲みで私を殴る人
お前の嘘はすぐわかるんだよ
どこで怒られるのか次に何をされるのかわからない状況はうちの普通に似ていて
痛かろうが怖かろうが〝知った場所〟
居心地悪くはなかったのです

けれど
こんな
つきあいが
数年続くと
ばくん
自分の
心臓の音で
目が覚める
毎夜
ばく
ばく
ばく
また
こんなとこで
もうっ
お父さん！
神経は
いつも尖って
ぶわっ
ん〜
ワケも
わからないまま
ただ疲弊して
いきました
やぁあああ
自分では
死ねない
だから早く
人生終わって

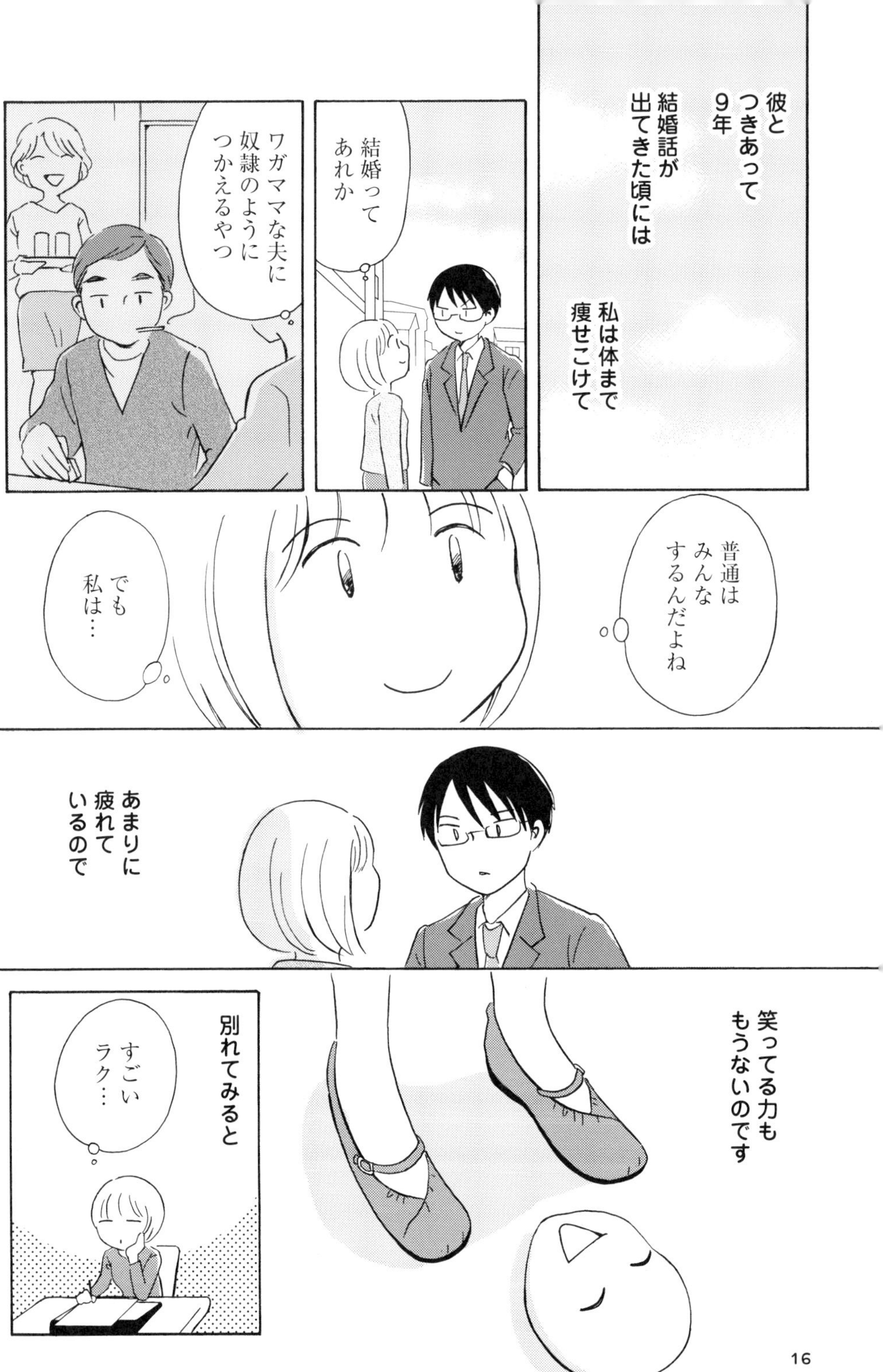

彼と つきあって 9年
結婚話が 出てきた頃には
私は体まで 痩せこけて
結婚って あれか
ワガママな夫に 奴隷のように つかえるやつ
普通は みんな するんだよね
でも 私は…
あまりに 疲れて いるので
笑ってる力も もうないのです
別れてみると
すごい ラク…

よし これからは いっぱい 仕事するぞーっ
けれど
ケガ したったー
うわ
突然 かき乱される生活は そのままだったし
汚れるから 部屋 触らないで
お父ちゃん かーいそーねー
ジジイが 甘えんな 気持ち悪い
一度はずれた 仮面は 簡単に 落ちるようになり
長年 封じ込めていた 心が 怒りと パニックと なって…
だけど 知ってる
酔っ払うのは お父さんだけ じゃない
大人は普通 飲むじゃ ないか
プハー
BEER

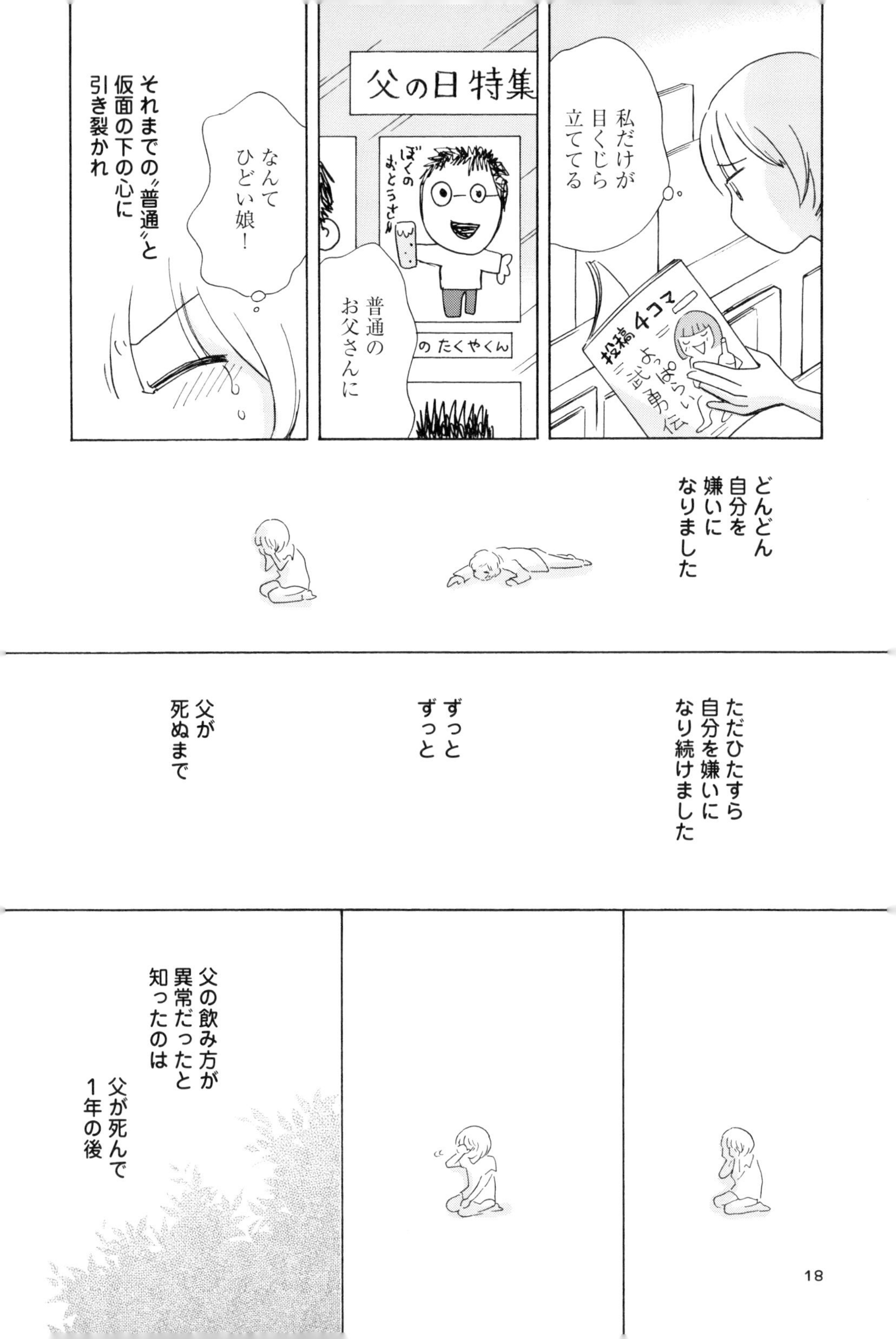
私だけが目くじら立ててる
投稿4コマ
よっぱらい武勇伝
父の日特集
ぼくのおとうさん
のたくやくん
普通のお父さんに
なんてひどい娘!
それまでの〝普通〟と仮面の下の心に引き裂かれ
どんどん自分を嫌いになりました
ただひたすら自分を嫌いになり続けました
ずっとずっと
父が死ぬまで
父の飲み方が異常だったと知ったのは
父が死んで1年の後

偶然取材したアルコール依存症セミナーで
連続飲酒をしなくても
手が震えなくても
酒のせいで人間関係が壊れたことがあれば治療の対象です
えっ
たったそれだけで!?
私の普通にヒビが入りました
お母さんは死んで
私はずっと苦しんで
それが全部お酒のせい…？
家族みんなお父さんに巻き込まれてたの…？
ヒビを広げておそるおそる外を見たら
そこには想像もしなかった家族の形が

それから
たくさん
泣いたけど

謎が解けたら
なぜだろう

生きていける
気がしたのです

家は密室だから どんなおかしな ルールでも まかり通る
それを普通と 思わされるところに 子どもの悲劇が あるのでしょう
私の〝うちは普通〟という 思い込みが きちんと はずれたのも 実は生い立ちを 発表した後
酔うと化け物になる父がつらい
この程度で つらいって 言って いいのかな
たくさんの 感想の おかげ でした
こんなにひどい家 あるの!?
普通じゃない
キツい〜
えっ そこまで だった…!?
そして 感想の中には 多くの つらい家庭で 育った人たちも
号泣
だけど みんなすごい 家の異常さに 途中で気づいてる
どうして私は わからなかったん だろう
ちょっと 落ち込んだ後
…バカ だから…?
ずん
ALWAYS 自己卑下

誰かに聞いてみたくてたまらなくなりました
みんなはどんなふうにその状況を生きてきたんだろう
どうやって気づいて
どう対処して
今どうしているんだろう
なにしろ私はまだ目が開いたばかり
ちょうどそのタイミングで編集者のハタノさんが声をかけてくれ
そんなみなさんにインタビューしてみませんか
始まるのがこのマンガです
ハタノさんのおうちも何かあったんですか？
うちは
誰も大きい声を出したことがない
穏やか――な家庭なんです
すみません
あやまるとこじゃないですよ
でも熱意はありますから
はいよろしくお願いします
傷を負って生きてきた人たちが
傷を負い続けないヒントとなりますように

CASE.2 朽木誠一郎 医療記者 の場合

まだ4歳の僕に
将来は医者になるのよ
…1択?
はて?
ご両親も医者なんですか?
いえ サラリーマンと専業主婦です 母は父の出世状況に不満があったのか子どもを自慢の職業につけることに必死でしたね
他人からの羨望でしか物事をはかれない人なんです
クスクス
この家のダンナ学歴低いのよ
それがひどくなったのは9歳離れた姉が医大に行けず医学部の彼氏にもフラれてから
わあああっ
お姉ちゃんはダメだ――っ
誠一郎はちゃんと医者になるのよーっ
毎日勉強させられその横で泣かれ
あんたが医者にならなかったらどうしよう
うわああ
100点以外だと怒鳴られ
99
こんなんじゃ医大行けないでしょ
子どもだからやらされるまま
…僕小説家になりたいのに…
ただストレスがたまっていく日々

そして中1
Tシャツ事件で
あんな家の女とつきあうんじゃないよ
医者とは身分が違うんだよ
ふざけんなクソババア
ストレス大噴出
…遅くできた男の子だから過剰にかわいがってしまったのかしら…
普通の思考回路では理解できない…
反抗期だったしこの後は母とやりあうようになるんですが
どんな人とだってわかりあいたい 私…
それでも勉強させられ続けた結果
中間試
1. 朽木
2. 山田
3. 田中
4. 鈴
また朽木が1位だ
熾烈《しれつ》な受験勉強をさせる塾でも常に上位
俺のほうが勉強時間長いと思うけど…
徹夜したのに
俺 人より勉強できるのかも…
ほんの少しイヤな優越感も生まれ…
だけど
医者以外の男はみんなバカなんだからね
やっぱり母はイヤだし
自覚のないジレンマでした
ガリリ…

この頃
急に母が
金の苦労を
言うようになり
10位までは
特待生の塾で
1度だけ
そこから
はずれたら
うち
貧乏なのに
親不孝者！
うるせーな
お父さんって
こういう時…
単身赴任なので
基本ノータッチです
でも時々
戻ってくると
お母さんは
ああいう人
なんだから
お前が
ガマンするしか
ないだろう
ざらっ
これ
見てるはず
なのに
何も
言わないいん
だもんな…
このあたりで
僕の心の一部は
死んだのかも
しれません
医者ではなく
小説家を目指す
つもりで入った
高校で
第一志望
東京大学
文Ⅲ
東大なら
親も許す
だろう
文学部なんて
バカ言うな
医学部！
医者!!
変わらない
母の反対にあい

それから僕
医学部志望って
書くように
なるんですよ
えっ
どうして
わから
ないんです
イヤがって
いたのに
知らず
知らず
親と同じ価値観に
なっていたのか
こんな世界しか
教えてもらって
いなかったからか
医学部に
入った頃は
医大生の
俺って
すごい
朽木ー
お前
奨学生
なんだって？
すげぇなぁ
はぁ？
誠一郎

※ポリティカル・コレクトネスの略
公正、公平、中立的で、差別や偏見が含まれていないこと

誰もが僕を避ける中 彼女だけはずっと
人をバカに しちゃダメだよ ちゃんと つきあってみなよ
何で俺が 下のヤツに 合わせなきゃ なんねーんだよ
その プライドは 間違ってるって
間違ってるのは 世間だろ
善く生きようよ 誠一郎!
そんな言葉が ようやく 響いてきたのは 結局彼女に フラれてから
話す相手が 誰もいなく なった…
授業出てない から留年…
数か月後 企業紙向けの コラムニストを 募集しているのを みつけ
小説じゃ ないけど 書く仕事か
初めて 自分から動いて ライティングの 仕事を もらいました
すると わかる
書き直し
医学部なんて 関係ない! クリエイティビティーで 俺 大負け!
不採用
いくらでもいる おもしろい ライター
まるで通用しない うちの価値観
この頃 ご両親とは どんな関係 だったんですか?
家を出て 少し落ち着いて いたんですが 社会に出て 父の会社のことを 知ったら

あれ？ オヤジの会社 一流企業で 給料いい…
貧乏って 言われて
大学も 奨学金で 入ってるのに
あっ 俺を身近に 置いておく ためか…！
その奨学金は 必ず同県の医者に ならなくては いけないというもの だったんです
お母さん 用意周到 すぎ…！
直後に起きた 東日本大震災で このことは ハッキリしました
家が半壊し 建て直すことに なったんですが
ローンは半分 誠一郎が 払うのよ
お医者さんに なるんだから 余裕よね～
いや 待ってよ この図面
なんだよ 俺の部屋 って！
誠一郎の部屋
卒業したら 一緒に住むん だもの
お嫁さんも 同じ部屋で いい？
きゃっ
孫の 子ども部屋も 作らなきゃ
きゃっ
そんな相手いねぇよ 何言ってんだよ
母の見栄のために 人生を捧げるのは ごめんだ

家から離れよう
ブツッ
そう決めた瞬間でした
住所を変え一切の連絡を絶ち
半年くらいした頃大手メディアにライターとして採用が決定
仕事で都会の大人に揉まれていくうちに
△△さん自分のこと人よりすごいと思っててさ
ダセー
やっぱり俺がおかしかった…これからは社会の通念を取り入れよう…
そんなある日俺がライターをしているとつきとめた父から
前住所から転送されてきた
なんだ？
大量のスクラップが送られてきて
40代でこれだけ違う 医者とサラリーマン 年収比較徹底調査
覆面対談 医者になれば女と遊び放題やり放題だよ
院内不倫パラダイス
医者だから許される
うわっキモっ
家から出なかったら自分もこんな人間になっていたのかと思うと…
年収の記事もダメだけど特にこっち…
やり放題
お父さんもヤバい！
まるで息子の幸せとか願ってない！
そんなことが重なりなんで自分が医者になろうとしているのかわからなくなって

医者にならずに大学を卒業
自分で選んだライターの道を進むことにしたんです
医者にならないと1千万円以上の奨学金を返済しなきゃいけなくて今も払ってるんですけどね
けっこうキツいです
ずいぶん思いきりましたね
だけどこの方向は間違っていなかったと思っています
昔の僕は本当にひどい人間で
おかしな育てられ方をしたんだからと自分を許そうとしても
折り合いがつかないくらいに最低でした
でもだからこそこの先は善い人間になりたいと願い
社会に育て直しをしてもらいながら努力してきました
健康を食い物にするメディアたち ネット時代の医療情報との付き合い方
朽木誠一郎
これからもそうやって改善し続けていきたいんです
じゃあご家族とは
会いません
結婚したりしても?
だって例えば子どもができて会わせても
あそこの家の子とは遊んじゃダメよ
あなたは医者になるんだから
悪影響しか及ぼさないと思うんですよ
おばあちゃんの言うことはきかなくていいから
??

冠婚葬祭で必ず会わなきゃいけないとか選択肢がないのが一番しんどいから
僕はいつでも会わないでいるための選択肢をもっていたいんです
青年海外協力隊とかに入って訃報も届かなさそうなとこに行っちゃうとか
徹底してる！
あはは
ははは
こんなふうにポジティブに親から離れて20年後には忘れるとは言わないまでも親のことはうすーくなっていってほしいですね
穏やかで礼儀正しい朽木さんは
周囲から学び両親と決別し
過去を脱ぎ捨てて生まれた姿でした
親から植えつけられた価値観も変えられるんだな
本当にこういう親っているんですね
朽木さんのお母さんにも愛情はあったんだろうけど…
愛してればいいんじゃなくて愛し方が問題なんですよね
ふう〜
ずん
ハタノさんのメンタルが少し心配ですが
次もまたサバイバーの元へ

子どもの頃から
医療ドラマや
ドキュメンタリーばかり
見させられた

CASE.3 成宮アイコ 朗読詩人 の場合

酒乱ですか おじいさん!?
いえ シラフでも 暴力的な人 だったんです
殴る 理由は？
お風呂のお湯 いっぱい だったから 止めといたよ
ガン
お湯 ためちゃ 悪いかっ
こういう人に 理由聞くの ムダだったわ…
祖父母と 両親の
祖父
祖母
後妻らしい
父
母
私
5人家族 でしたが
父は連日 祖父とケンカ
祖母と母は 私をかばって 殴られて
幼稚園児なのに ストレスで チック症に なったりして いました
ぱち ぱち
まばたきが 止まらない
小学校に あがっても 家庭内は暴力まみれ
ブッ殺すぞ
ガシャーン
キャアア 救急車
そのうち

父が帰ってこない日が増えて
お父さん次の休みには家にいてよ
うん
6
…うそつき
ピアノの発表会絶対来てね
うん約束な
お父さんいなかった…
アイコぉ～
ごめんなぁ～
あひゃひゃ
わっお酒くさい
おこづかいやるから許してなぁ～
ひゃひゃ
いつが最後か覚えてませんがそのまま父はいなくなりました
娘が暴力にさらされてるのに!?
一人だけで逃げたんですね…
同じ頃学校で

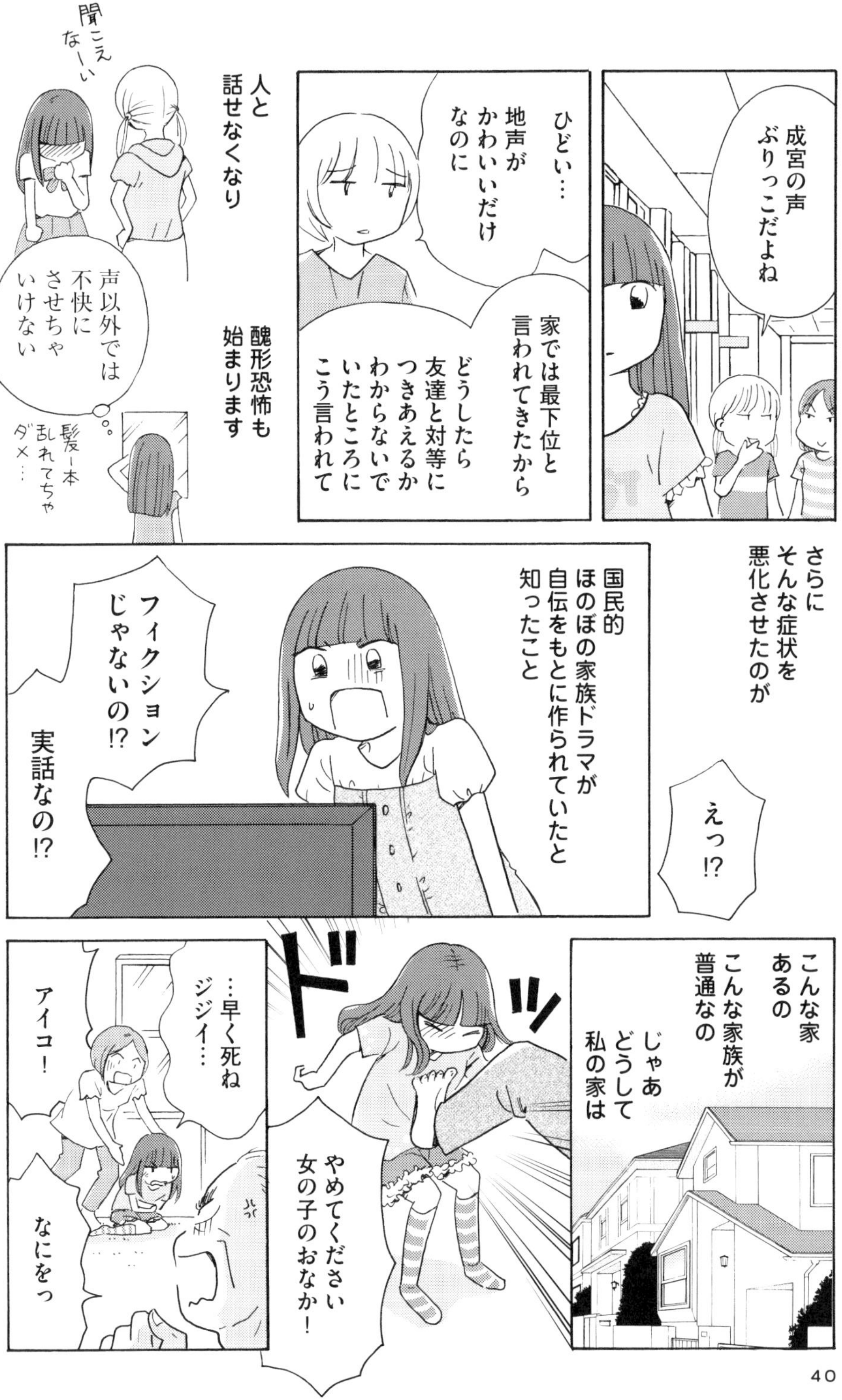
成宮の声
ぶりっこだよね
ひどい…
地声が
かわいいだけ
なのに
家では最下位と
言われてきたから
どうしたら
友達と対等に
つきあえるか
わからないで
いたところに
こう言われて
人と
話せなくなり
聞こえなーい
声以外では
不快に
させちゃ
いけない
髪一本
乱れてちゃ
ダメ…
醜形恐怖も
始まります
さらに
そんな症状を
悪化させたのが
えっ!?
国民的
ほのぼの家族ドラマが
自伝をもとに作られていたと
知ったこと
フィクション
じゃないの!?
実話なの!?
こんな家
あるの
こんな家族が
普通なの
じゃあ
どうして
私の家は
ドッ
やめてください
女の子のおなか!
…早く死ね
ジジイ…
アイコ!
なにをっ

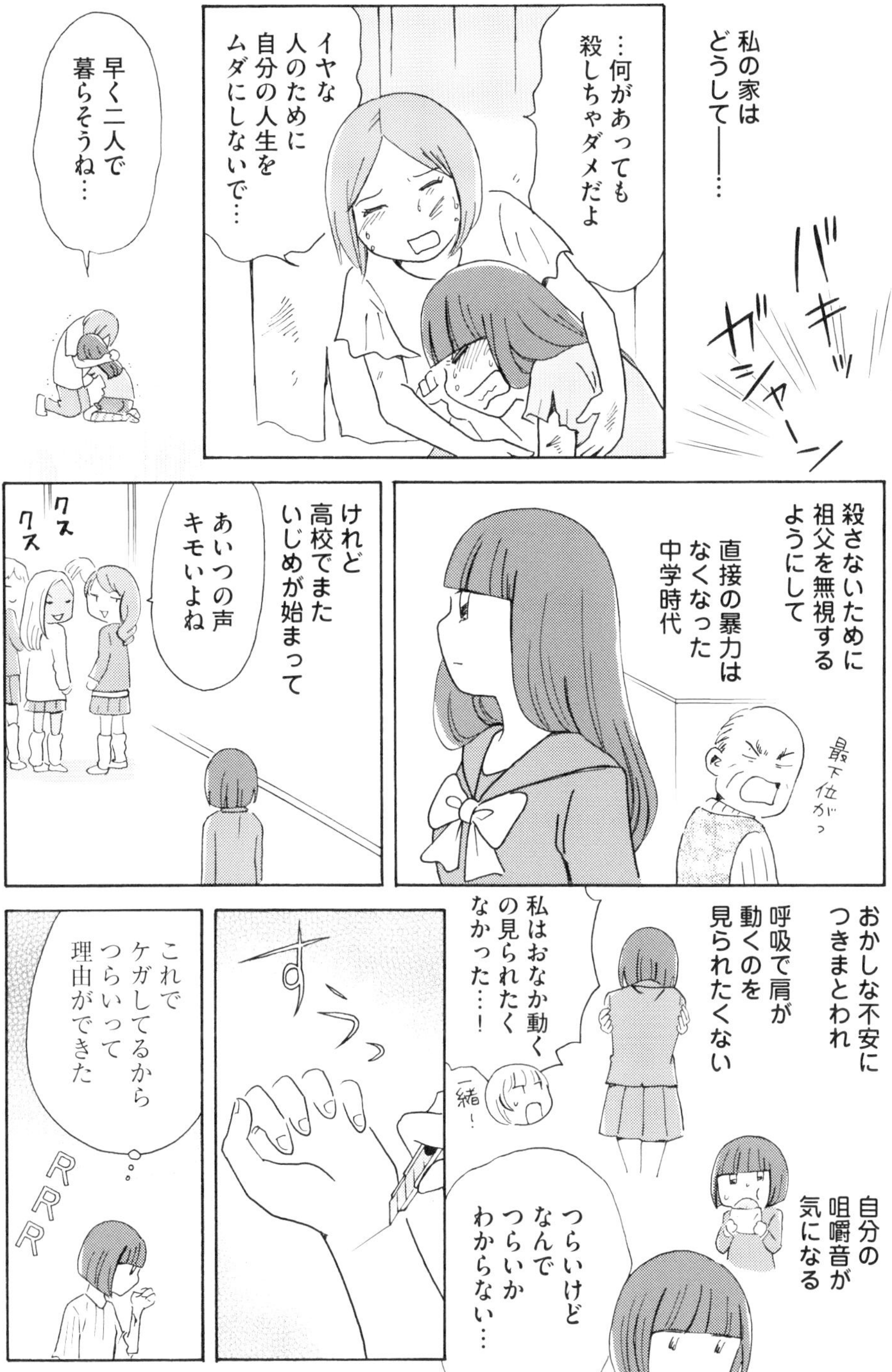

私の家は
どうして――……
バキッ
ガシャーン
…何があっても殺しちゃダメだよ
イヤな人のために自分の人生をムダにしないで…
早く二人で暮らそうね…
殺さないために祖父を無視するようにして
直接の暴力はなくなった中学時代
最下位がっ
けれど高校でまたいじめが始まって
あいつの声キモいよね
クスクス
おかしな不安につきまとわれ
呼吸で肩が動くのを見られたくない
私はおなか動くの見られたくなかった…!
一緒!
自分の咀嚼音が気になる
つらいけどなんでつらいかわからない…
すっ
これでケガしてるからつらいって理由ができた
RRR

…もしもし
アイコかぁ?
お父さん!?
ドクン
大きくなったかぁ?
お父さんはなぁ～元気らぞぉ
うっ
ひっく
酔って泣いてる
私たちを捨てたくせに自分が一番かわいそうみたいに
なのにちょっとうれしい自分が
ショックだよ
1度だけかかってきた電話でした
だんだん学校にも行けなくなり
スーパーの紳士服売り場のベンチ
誰も私を傷つけないとこはここ…

さびしかったでしょうね…
友達が欲しくてちゃんと努力もしたんですけどね
日焼けサロンに行ってギャルになったり
バンギャの中に入れてもらおうとしたり
キューティ系とか
リンネル系とか
攻める時は思い切りますね
必死で
でもどれもダメで
誰かと話したい内容や行き場のない感情を
何種類もの日記や詩に書くようになりました
Blog
専門学生になった時無料で使えるミニシアターを見つけ
書いた詩を展示
おお!?
こういうのやりたくてもしり込みする人も多いのに!
友達が欲しいんですもん!
ギャルになるのと同じくらいのハードルですよ

何度か
やっていると
変わったイベントの
フライヤーを
もらったりもして
障がい者
OPEN
障がい者
たちの
ライブ？
吸い寄せられるように
行ってみると
病院のみんなと
ストリップ
行きまして
お前ほんとに
ウツなんか!?
あはは
あはは
すごい！
いろんな人たちが
唯一無二の
パフォーマンスを
みんな
本気で
やってる
私も勇気を出して
次の展示の案内を
置いてきました
すると
成宮さんも
何か一緒に
やりませんか
…やります
この詩を
朗読します
常軌を逸した
私の展示を
普通に見てる
人たちに
生きてていいよって
言われた気がして
朗読詩人
成宮アイコの
誕生ですね
最初は全然
人前に
出られなかった
んですよ
かくれて
読んだり
ぬいぐるみ
顔ふせて
もらったり

祖父が死んだらひどいウツにもなってしまいましたし…
え でも…
憎い人がいなくなったのに憎しみは残り続けて
どんなに復讐の詩を書いても
何も消えない
生きていくのはつらいまま
まったく起き上がれなくなり生活に支障をきたし
初めての精神科で診断名と薬をもらいました
おくすり
成宮アイコ様
それでもあまり良くもならなかったある日
プレゼントくれるって言ってたAさん
日記の更新止まってるな
あ…
成宮さま
突然のメッセージ失礼します
Aの友人です
実はAが自殺しました
人はほんとうに死んでしまう

私だって今にも死んでしまいそう
でもそれなら
私の詩は
これは復讐じゃない
これは約束だ
私が約束を作るから
私とあなたはまた会おう
死ぬな死なない
死ぬな死なない
お父さんは約束を守ってくれなかったけど
私たちは一緒に生きて絶対に約束かなえるからな

たくさん傷ついてきた成宮さんは
誰のことも傷つけない優しい声で話す
結局私も朗読の機会をくれたり地元から離してくれた人たちのおかげで生きていられてます
スーパーのベンチにいたあの頃の私が見たら驚くくらいなんとか生きてる
まだまだ絶賛病気だしボロボロになることもしょっちゅうだけど
何もかも忘れてまっさらになるのは難しいかもしれない
だけど成宮さんの話を聞いてたら
こんな私でも生きてていいんだと信じられる
みんなと目を合わせて「生きよう」と言ってくれる人だから
家族の影響でこんなステキな方になったのだとしたら少しは過去にも感しゃ…
絶対しないです
ですよね
生きてるだけでもよしとしましょうか

メンタルが
つらい時に
身体的刺激で
ごまかそうとして
手首を切ってしまうので

氷をぎゅっと
握るようにしたら
やめられました

CASE.4 須藤正樹 編集者 の場合

子どもの頃
父の幼少期の品々を
あさっていたら
お父さんの字
なのに
名前が違う…
どうして？
これなぁ
お父さんも
覚えられなくて
困ったっけ
お前の
おばあちゃんはなぁ
結婚詐欺師だった
みたいなんだよ
某出版社の編集者
須藤《すどう》 正樹《まさき》（仮名）さんも
サバイバーです
須藤さんは
このマンガにも
出てきてる人で
めっちゃ
つきあい
長いんだよね
でもお互い
なかなか
こういう話
しなかったね
酔うと
化け物になる
父がつらい
須藤さんも
自分の家は普通だと
思っていたん
ですか？
いや
このばーさんが
近所でも有名な
変人だったから
そうは思って
なかったけど

昔って 子どもには 苦労させろって 風潮で 自分の人生も それなんだと 思ってた
時代劇とか
おとっちゃん おかゆ
いつも すまない ねぇ
若い頃の祖母は すごい美人で
詐欺の能力を 活かしたのか 人間国宝を相手にする ような着物商
でも僕が 物心ついた頃は ある宗派の 支部長に なってて
詐欺師にして 宗教家！
さもありなん!!
かなり すごい地位
同居してたから 朝から晩まで 教義を聞かされ
私に逆らうことは 神に逆らうことだ
家には 相談者が ひっきりなし
お前の 信仰心は その程度か！
はっ
他人は駒のように 使うものだと 思ってる祖母は 父が接待で遅く なっただけで
うちの子に 残業させんな お前らが 欲しいのは コレだろ
バサ
10000
勤めていられなく なった父は 自分で会社を 興し…
たら 急成長して 須藤家は 大金持ちに！
わぁ！

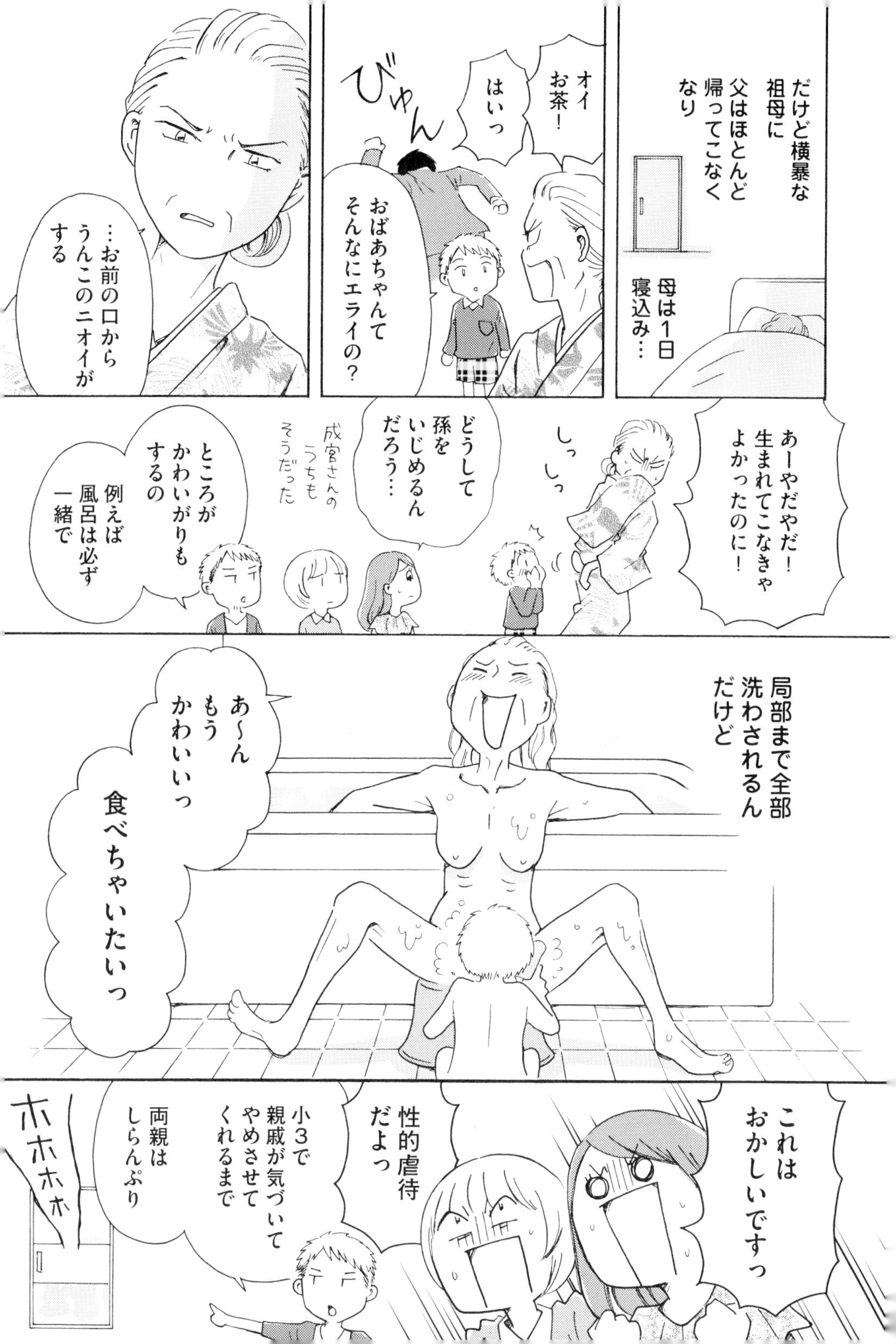
だけど横暴な祖母に父はほとんど帰ってこなくなり
母は1日寝込み…
オイ お茶!
はいっ
びゅん
おばあちゃんてそんなにエライの?
…お前の口からうんこのニオイがする
あーやだやだ! 生まれてこなきゃよかったのに!
しっ しっ
どうして孫をいじめるんだろう…
成宮さんのうちもそうだった
ところがかわいがりもするの
例えば風呂は必ず一緒で
局部まで全部洗わされるんだけど
あ~ん もう かわいいいっ
食べちゃいたいっ
これはおかしいですっ
性的虐待だよっ
小3で親戚が気づいてやめさせてくれるまで
両親はしらんぷり
ホホホホ

それからも
私は病弱だから
チェックしろ
どんなの
出てる？
毎日 便を
取らされたり
飲尿健康法
だよ
コップに
おしっこ
されたり
どれがお茶で
どれが尿だか
わからない
でも一番
怖かったのは
ただいまっ
ガチャ
門限は4時って
言ってるだろ！
1分遅い！
こんなことも
守れないのか！
バカ！
死んじまえ！
バターン
バチーン
怖かったのは
鍵の音
あの音がしたら
もう家からは
出られない

お父さん！帰ってきたんだ
うるさいな疲れてるんだよ
お母さん体操着に名札つけて
ムリムリだるいの！
明日はコレ着ていきなさい
須藤君また体操着忘れたの？
ダンッ
須藤君！
ジリリリリリリリ
家でのうっぷんを晴らすように学校では手のつけられない悪ガキ
消化栓
校長室
親を困らせてやれって気持ちもあったし
ご家庭に何か問題は？
わかりませんわかりません

…
この頃って楽しいことあった?
うーん ご飯の味もしなかったからなぁ… あ 夏休みに母方の実家の名古屋に行くのは楽しかったかな
だからよく新幹線の見えるところに行って
あと80日で名古屋だーっ!!
80日…!
80日!
…子どもに…

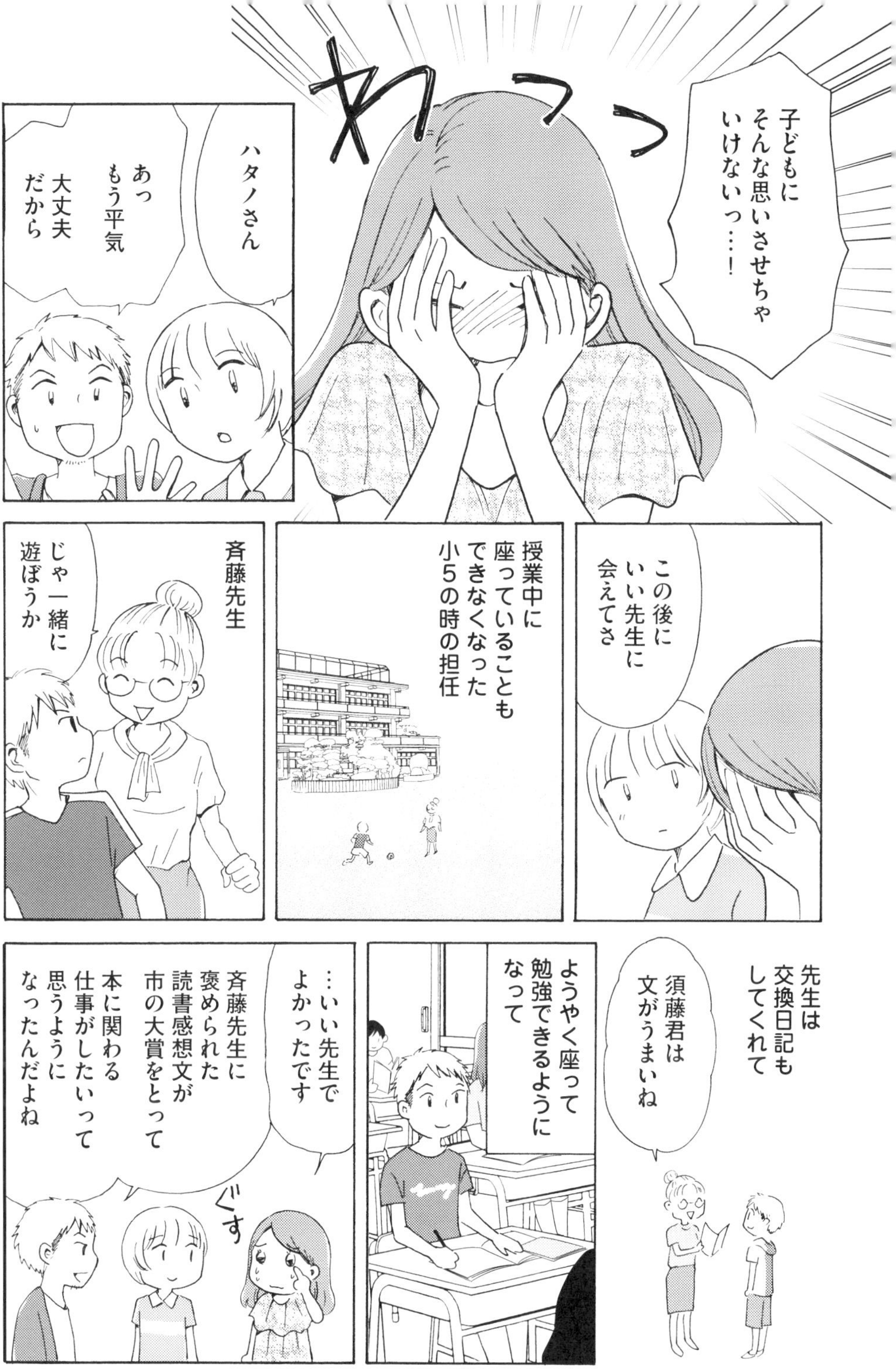
わっっ
子どもに そんな思いさせちゃ いけないっ…！
ハタノさん
あっ もう平気 大丈夫 だから
この後に いい先生に 会えてさ
授業中に 座っていることも できなくなった 小5の時の担任
斉藤先生
じゃ一緒に 遊ぼうか
先生は 交換日記も してくれて
須藤君は 文がうまいね
ようやく座って 勉強できるように なって
…いい先生で よかったです
斉藤先生に 褒められた 読書感想文が 市の大賞をとって 本に関わる 仕事がしたいって 思うように なったんだよね
ぐす

もちろん祖母は
相変わらず
だったけど
チェルノ
ブイリ！
雨！
原発事故の後
取り乱して
校庭に乱入
チェルノ
ブイリ！
雨！
着物なので
下着つけて
ない
小6の時には
弟が生まれ
ばーさんの攻撃
半分になるかな
かわいそうだけど
中・高時代を
なんとか
やりすごし
そ〜っ
H な本
読もうかな
ギャ
端々に
おばあさんから
にじむ性欲が…
大学は
家に近い
付属大しか
許されず
バイトも禁止
だったけど
正樹が一人で
暮らせるわけが
ない！
社会人になって
ようやく家を
出られた
——ら
ここに
かかってるの
全部
ください
えっ
メニュー
全部
ください
えっ

後ろ歩きは健康にいいらしい
編集部
すすう
須藤さん!?
社会から浮きまくってる自分を発見
店のメニュー全部食べるのやってるよね
入ります!?
入るよ副菜の小鉢まで
なんかねやりたいことをすぐやらないと
ばーさんに邪魔されるって思っちゃうんだよね
僕が家を出たらやっぱり弟が標的になって
不登校から引きこもりになっちゃうし
うわぁーっ
社会人数年目の時に祖母は亡くなったんだけど
全財産使ってでも死なせないっ
亡くなる直前父がパニくってドンびき…
今はおばあさんのことどう思ってるの?
なんというかああいう人だから仕方ないかって気もしてて
助けてくれなかった両親のほうに怒りを感じるよね
2人を並べて糾弾したのは数年前

自分がこんなふうになったのはお前らが育児放棄したからだ
会社で昔の思い出話したってほかの人との共通項一個もないんだぞ
謝れっ
…そこまでひどいことされてたなんて知らなかった
すまん…
見ないふりしててごめんなさい
不思議なもので謝られたら
ほんとに自分は傷ついていたんだって認識できた
…でも口で謝るのは簡単だよ
落とし前つけてよね
落とし前？
財産使い切る前に死ね！

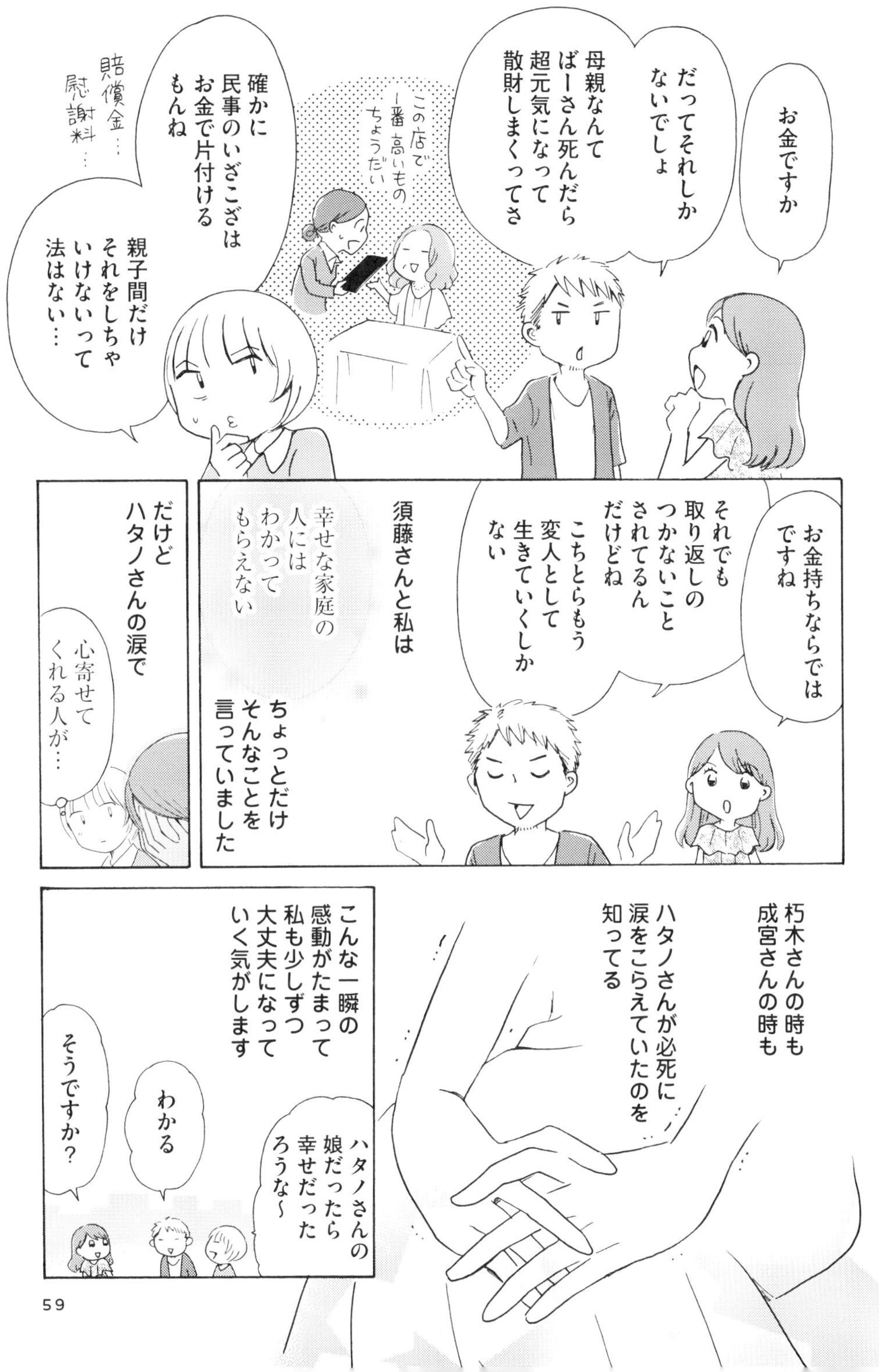
お金ですか
だってそれしかないでしょ
母親なんてばーさん死んだら超元気になって散財しまくってさ
この店で一番高いものちょうだい
確かに民事のいざこざはお金で片付けるもんね
賠償金…慰謝料…
親子間だけそれをしちゃいけないって法はない…
お金持ちならではですね
それでも取り返しのつかないことされてるんだけどね
こちとらもう変人として生きていくしかない
須藤さんと私は
幸せな家庭の人にはわかってもらえない
ちょっとだけそんなことを言っていました
だけどハタノさんの涙で
心寄せてくれる人が…
朽木さんの時も成宮さんの時も
ハタノさんが必死に涙をこらえていたのを知ってる
こんな一瞬の感動がたまって私も少しずつ大丈夫になっていく気がします
ハタノさんの娘だったら幸せだったろうな～
わかる
そうですか？

毎週末
ボランティアしてる
須藤さん
遺産入ったら
どーんと寄付
するからね～
炊き出し

CASE.5 成田 全 ライター の場合

…いただけませんか
別に強制参加じゃないんだろ
でもみんな行くんです
俺が稼いだ金でお前は遊びに行くのか
誰のおかげで生活できてるんだ
こういうことを小一時間母もよくやらされてました
洗濯機が壊れたのでお金をいただけませんか
手で洗えば
お父さんお金に苦労してたんですか？
実家は貧乏で大変だったみたいですね
中学を卒業してすぐ働かなきゃいけなかったとこを姉が高校に行かせてくれて
七人兄弟の下から二番目
進学校で成績もよく生徒会長もやったそうです
でもやっぱり大学には行けず
俺よりバカが大学に行った…
人づきあいも苦手だったようで職場を転々
僕と妹が生まれた時は家から数分の実の兄の会社で働いていました
成田
〝俺はこんなもんじゃない〟って思いがあったのか家ではずっとイライラして
バタン！
全！ドアは静かにしめろ

電気
消せよ
そんなもん
読んでないで
勉強しろ！
そんなに
食うのか
水使い
すぎだ！
ぱしゃ
ぱしゃ
まるで人が
動くと反応する
24時間の
ネチネチセンサー
カレーかぁ
ツマミに
ならんから
魚焼けよ
僕がカレー
食べたいって
言ったんだよ
お母さん
せっかく作り
おわったとこだよ
親にむかって
口ごたえ
するな!!
そして時には
手も出て
ゴン
褒めてくれる
ことも
一度もなく
こんな
簡単なテスト…
ほんっと
たいしたことない
奴だな
100
楽しい思い出を
日記に書けば
元旦は妹と友だ
たこあげをしま
たかくあがっ
うれしくなり
んなで

電線に引っかけただろ悪いことをしてすみませんと書け！
詫び状に変更させられ
お前みたいに悪い人間は見たことない！
とにかくずっと否定されていました
ムダ飯食ってないで少しは役に立つことをしろ！
誰のおかげで生きてると思ってるんだ
それでいて父自身は
外ヅラはいいものの
親せきの中では楽しいおじさん
友達は一人もおらず
昼もいったん帰宅してテレビ
夜も6時には帰ってテレビ
休日は1日テレビのテレビ漬け生活
お母さんはどう…？
社交的な人でしたが
女がフラフラ出かけるな
閉じ込められて
テレビ…
母も父と同じ会社の内職しててそのうえすべての家事もやってたのに
家事
仕事
仕事
父が家事をしてるのもお礼を言ってるのも見たことないです
ワナワナ
昔はみんなそうだったなんて言いたくない…

口うるさいくせに
なーんにもしないで
テレビばっかり
見てる父との
息苦しい生活
なぐさめを
くれたのは
母が持っていた
日本文学全集
でした
別世界に
行ける
本ってすごいな
本のおかげか
中学生になると
こっちも
弁が立つように
なって
さっきと
言ってること
違うぞ
なんだとっ
ガッ
ぐぐっ
だんっ
以来
殴ってこないのも
卑怯だし…
図体ばかり
でかくなって
気づくと
スプラッターや
ホラー映画に
ハマっていて
こんなふうに
死んでくれたら
スカッと
すんだろうなぁ
ぎゃあぁ
親殺しの
量刑を調べたりも
してました
けっこう
重い…
そりゃ
そうか
判例集

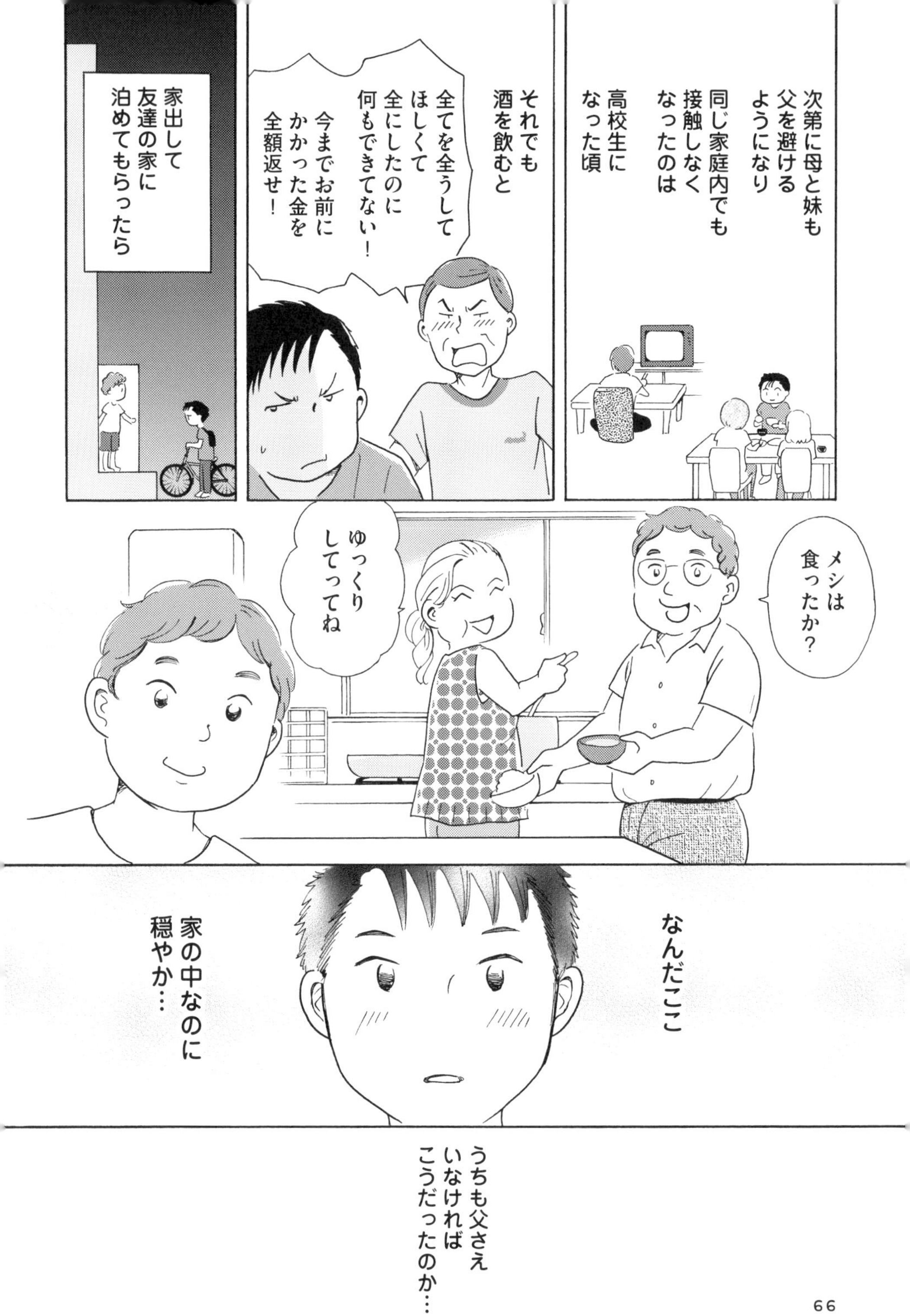
次第に母と妹も父を避けるようになり同じ家庭内でも接触しなくなったのは高校生になった頃
それでも酒を飲むと
全てを全うしてほしくて全にしたのに何もできてない！今までお前にかかった金を全額返せ！
家出して友達の家に泊めてもらったら
メシは食ったか？
ゆっくりしてってね
なんだここ
家の中なのに穏やか…
うちも父さえいなければこうだったのか…

大学を卒業し
就職しても
父は変わらず
お前が
どれだけ
あくどい人間か
会社に言うぞ
俺の会社
知らないだろ
あんたたちも
就職したし
もう
いいかな
しばらくして
両親が離婚
うん
調停でも
モメたけど
離婚したら
ラクできなく
なる
心の声が
聞こえる…
僕たち三人が
財産分与で
家を選択し
父だけが
出て行く形と
なりました
評価額の半分は
分割して毎月
父にふりこみ
ああ
初めて
家で安心して
いられる
24時間センサー
切れたん
ですもんね！
はい

なのに入社した広告代理店のイベント部で
成田君手際いいからアルバイトの指示もやってもらおうかな
人に褒められると
おべっか使って仕事押しつけるのか…?
強烈な違和感をおぼえる自分が…
自分はたいした人間じゃない何も全うできてない何もない
そしてふとした瞬間に希死念慮も
死にたい
けなされるのが普通だったから褒められるのは異常事態
全然適応できなかったんです
それでも褒めてくれる人はいるし
成田君に頼むとスムーズ!
ノーミスすごーい!
た…
耐えるんだ…
みんなが楽しそうに仕事しているのを見て自分もやりがいを求めたくなった頃
営業部に異動してくれないか?
営業か…やりたい仕事じゃないな…
じゃあ僕のやりたいことって…
うん!やっぱり好きな本に関わりたい…!何もしなかったら父と一緒だ
その場で会社を辞め出版社に転職
その後フリーのライターに

フリーは違和感とか言ってられないですからね
ですね
それでも心がザワつく感じは消えなかったのですが
父と会わなくなって15年
ねぇ死んだって
あ
そ
ひとつのつかえが取れました
お葬式はむこうの親族が出してくれるから行くだけでいいそうよ
突然病院から連絡が来るとかお骨を引き取るとか
また父と関わらなきゃいけない日が来るのが不安で
離れていても心のどこかに引っかかっていたんです
本当に死んだんだな…
15年ぶりの父は棺の中で
文句を言い出す時の口の形をしてました
ムカ
この子は生徒会長やってたのよ
70歳で死んで話されるのが高校時代って…
それ以降の人生何だったんだよ

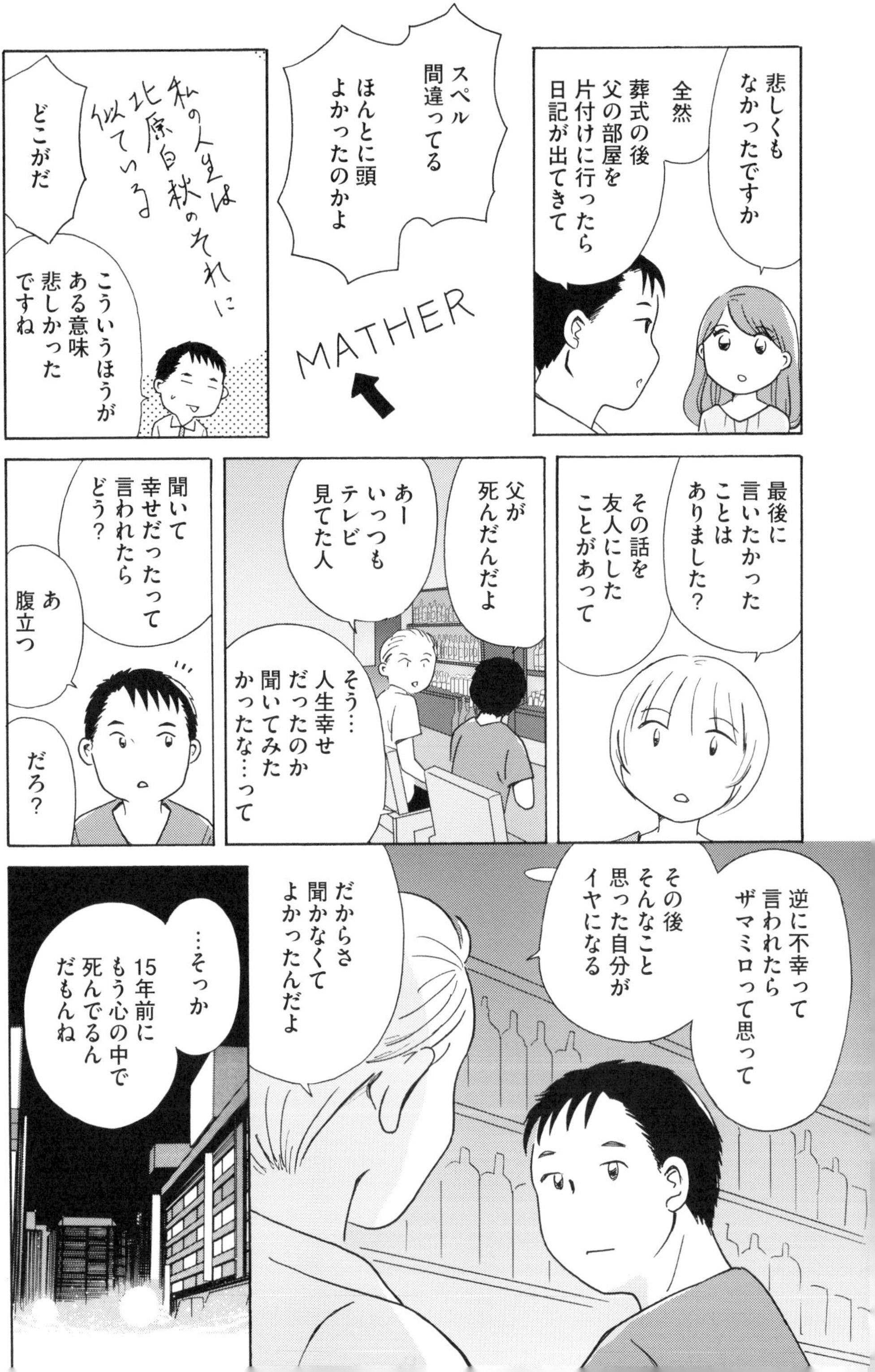

悲しくもなかったですか
全然
葬式の後父の部屋を片付けに行ったら日記が出てきて
スペル間違ってる
ほんとに頭よかったのかよ
MATHER
私の人生は北原白秋のそれに似ている
どこがだ
こういうほうがある意味悲しかったですね
最後に言いたかったことはありました？
その話を友人にしたことがあって
父が死んだんだよ
あーいっつもテレビ見てた人
そう…人生幸せだったのか聞いてみたかったな…って
聞いて幸せだったたって言われたらどう？
あ腹立つ
だろ？
逆に不幸って言われたらザマミロって思って
その後そんなこと思った自分がイヤになる
だからさ聞かなくてよかったんだよ
…そっか15年前にもう心の中で死んでるんだもんね

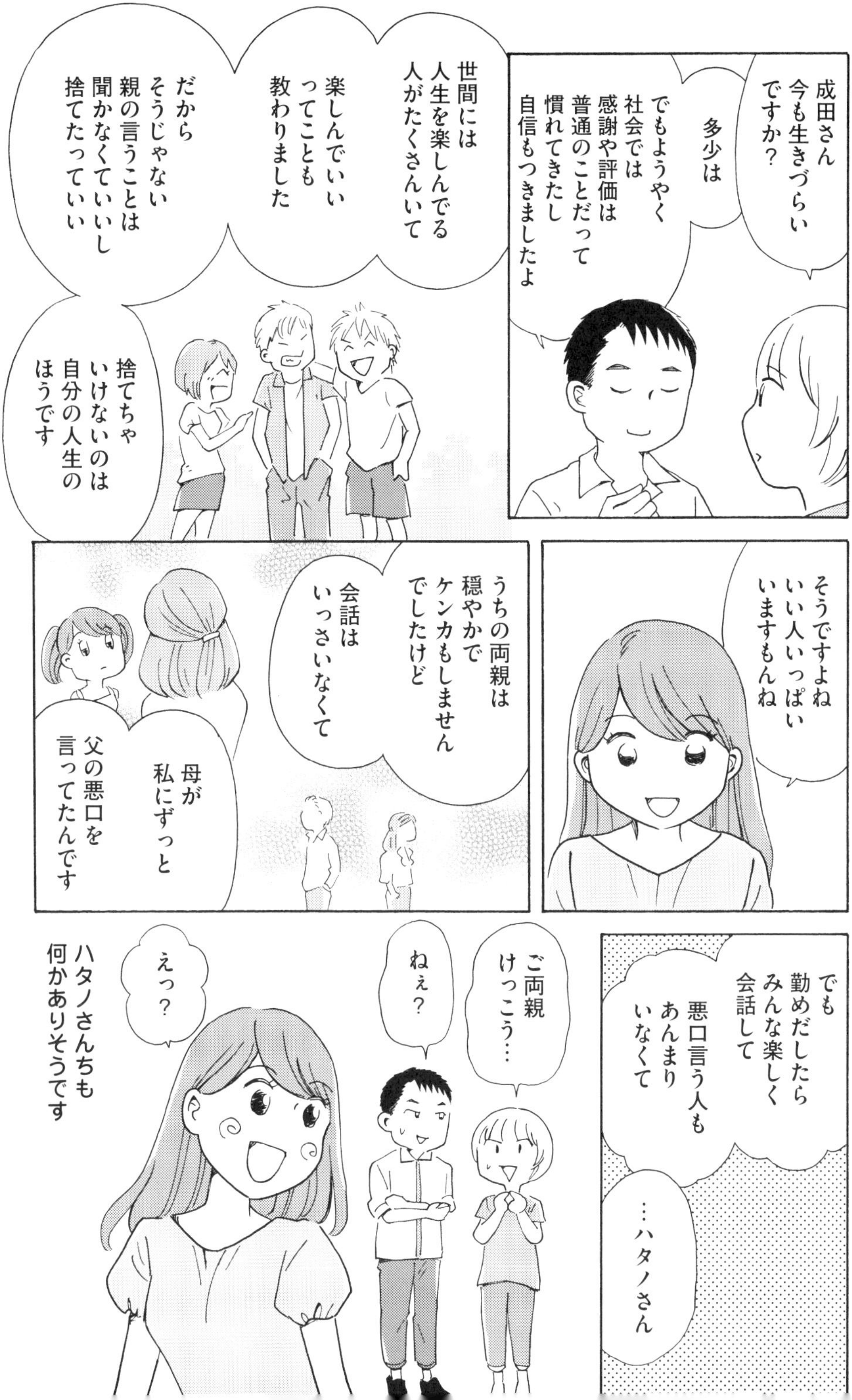
成田さん今も生きづらいですか？
多少は
でもようやく社会では感謝や評価は普通のことだって慣れてきたし自信もつきましたよ
世間には人生を楽しんでる人がたくさんいて
楽しんでいいってことも教わりました
だからそうじゃない親の言うことは聞かなくていいし捨てたっていい
捨てちゃいけないのは自分の人生のほうです
そうですよねいい人いっぱいいますもんね
うちの両親は穏やかでケンカもしませんでしたけど
会話はいっさいなくて
母が私にずっと父の悪口を言ってたんです
でも勤めだしたらみんな楽しく会話して
悪口言う人もあんまりいなくて
…ハタノさん
ご両親けっこう…
ねぇ？
えっ？
ハタノさんちも何かありそうです

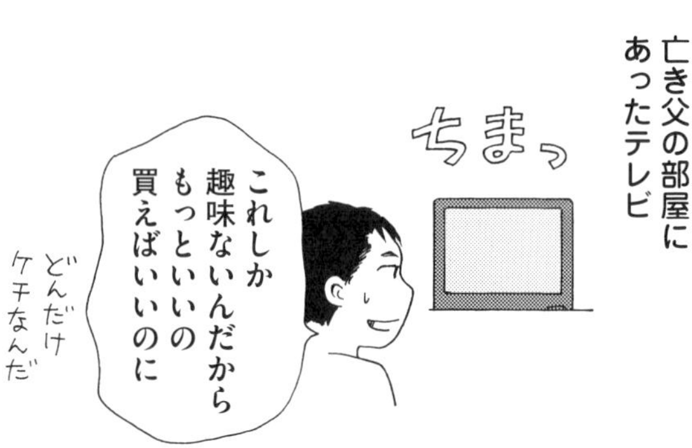

亡き父の部屋にあったテレビ
ちまっ
これしか趣味ないんだからもっといいの買えばいいのに
どんだけケチなんだ

CASE.6 **石山良一 会社員 の場合**

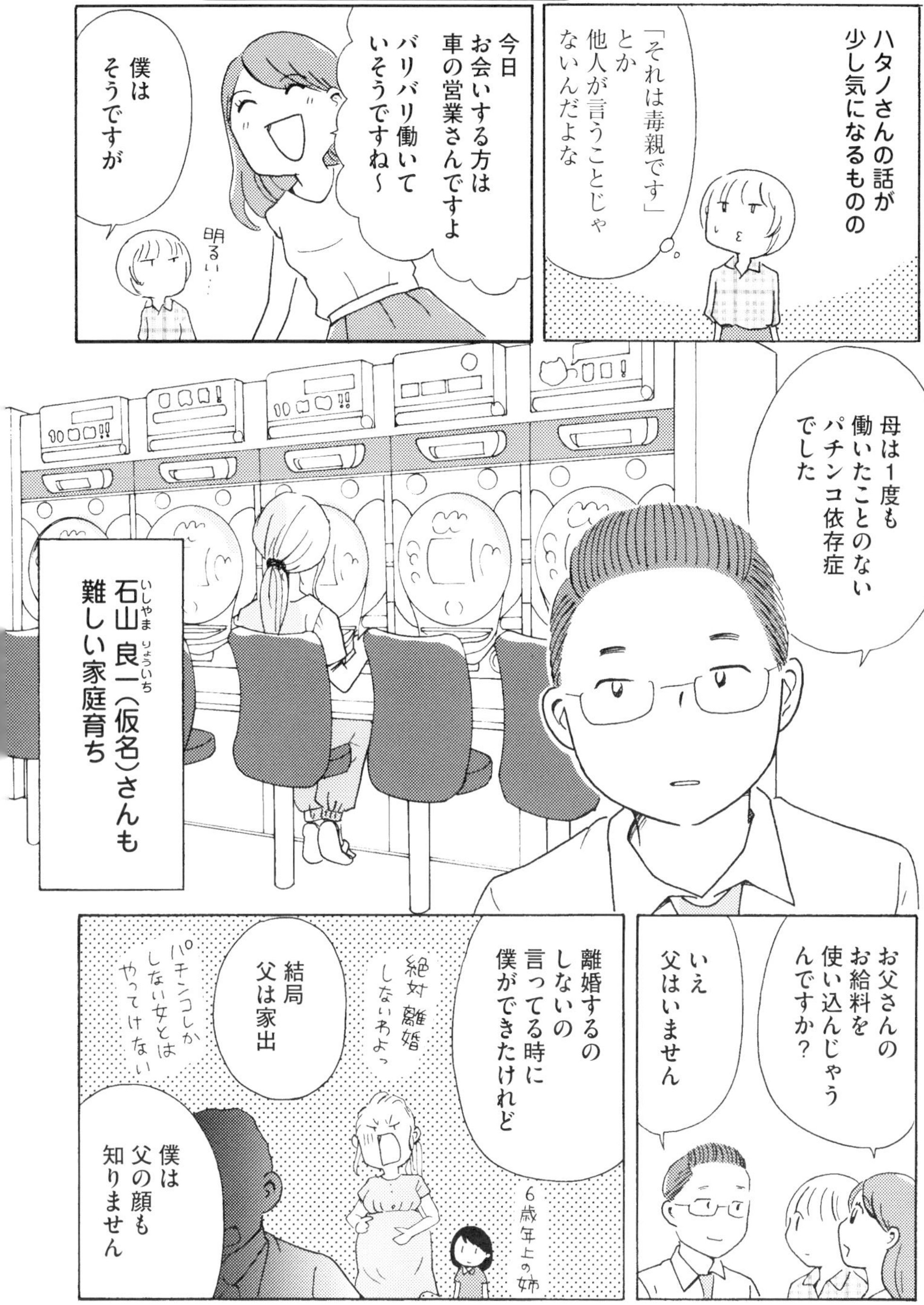

母は祖母の世話をするという名目で 実家から金をもらっていました
実家
祖母 足が悪い
母の姉 独身 大手広告代理店勤務
母の妹 独身 自営業
近くのアパート
母
姉
僕
ご実家 渋谷のど真ん中ですねぇ
裏に超セレブ芸能人の家がっ
高給とりのおば二人も面倒みてくれたので子どもの頃は人よりいい生活でしたね
父は単身赴任と聞かされていたので
5万ちょうだい
また!?
今の子は金かかんの
お父さんのお給料これからなのかな?
母をおかしく思うこともなく
親は無職なのにカギっ子で
休日はパチンコ屋に連れていかれる小学生時代
異変に気づいたのは中学に入ってすぐ
お母さん
給食費が支払われてないって先生が…
…
おばあちゃんに言って
おばあちゃん…
えっ ちゃんとお母さんに渡したよ

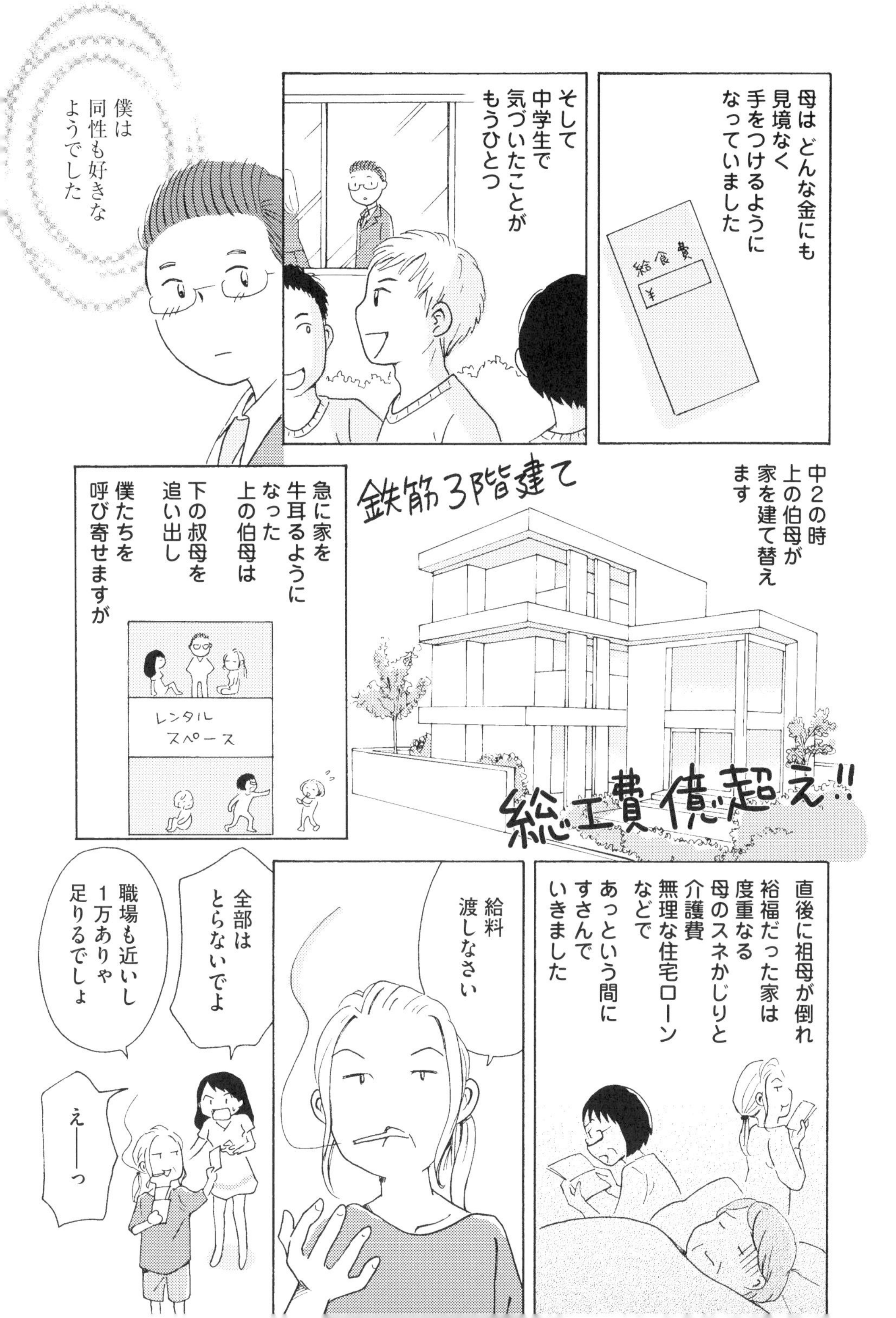
母は どんな金にも見境なく手をつけるようになっていました
給食費
¥
そして中学生で気づいたことがもうひとつ
僕は同性も好きなようでした
中2の時上の伯母が家を建て替えます
鉄筋3階建て
総工費億超え!!
急に家を牛耳るようになった上の伯母は下の叔母を追い出し僕たちを呼び寄せますが
レンタルスペース
直後に祖母が倒れ裕福だった家は度重なる母のスネかじりと介護費無理な住宅ローンなどであっという間にすさんでいきました
給料渡しなさい
全部はとらないでよ
職場も近いし1万ありゃ足りるでしょ
え――っ

働き出した姉も
あっという間に
むしられ
お父さん
助けて
くれないかな
知らないの？
お父さんは
私たちを見捨てて
逃げたんだよ
そりゃ…
逃げるか…
パチンコ
憎かった
でしょうね…
パチンコ
自体より
働かない
だらしない母が
イヤでした
高校には
上の伯母が
行かせて
くれましたが
石山
行きたがってた
短期留学の代金
振り込まれて
ないぞ
えっ
お母さんに
渡したよ
2回も
払えないよ
…だよね

バイト代をためて友達とスキーに行こうとすれば
渡しなさい
やだよ自分で働けよ
ドン
渡せって言ってんだろ
ガッ
強盗がいるような家の中
バイだと知られたのもこの頃です
男はお前一人！跡取りなんだよ！ちゃんと結婚するんだろうね!?
GAY
…あんたたちが死ぬまで面倒はみるよ
高校を卒業する時も式の1週間前になって
学費使い込んだだろ卒業させられないって言われたぞ
だって
お金ないんだもーん

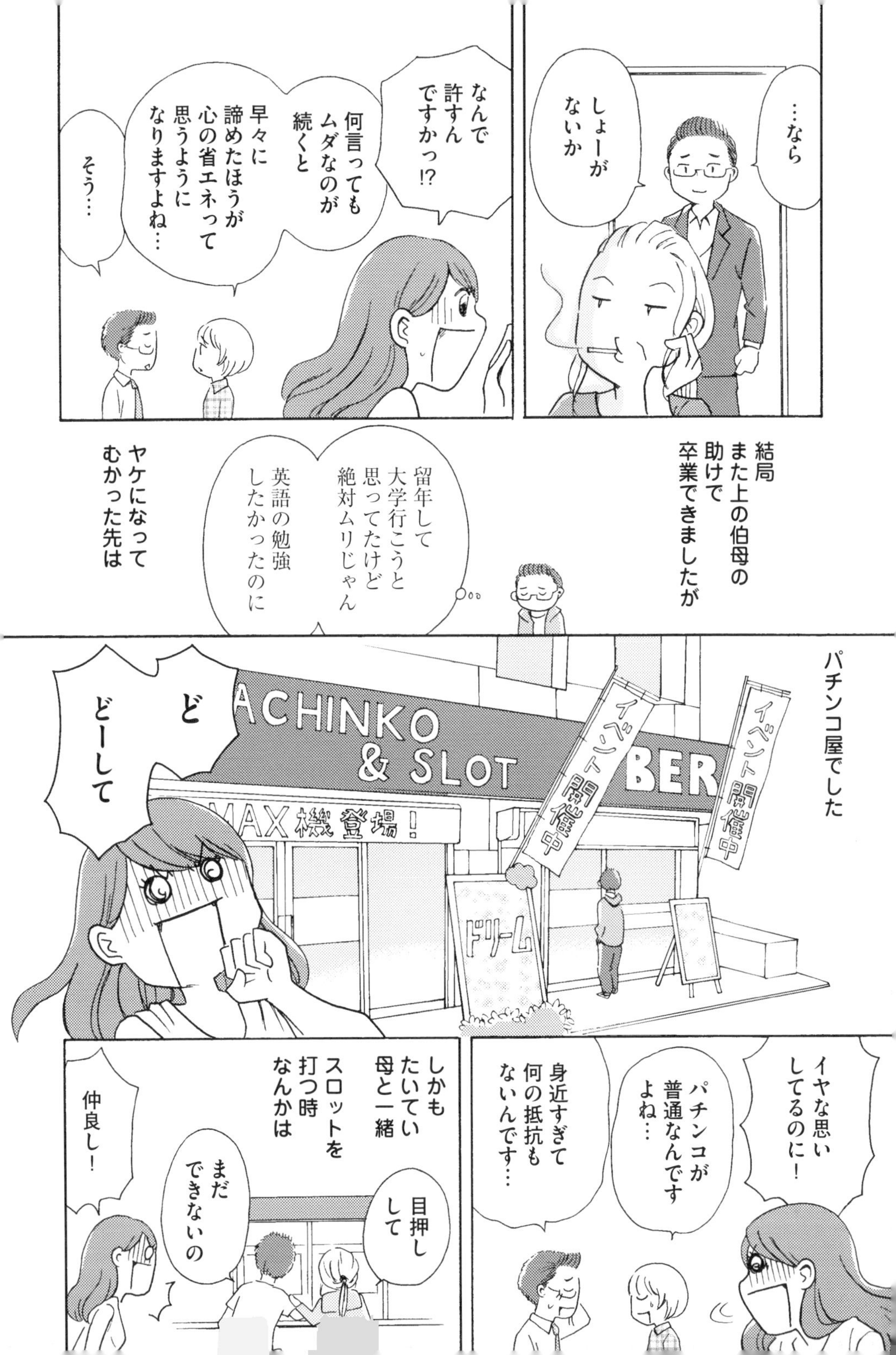
…なら
しょーがないか
なんで許すんですかっ!?
何言ってもムダなのが続くと
早々に諦めたほうが心の省エネって思うようになりますよね…
そう…
結局 また上の伯母の助けで卒業できましたが
留年して大学行こうと思ってたけど絶対ムリじゃん
英語の勉強したかったのに
ヤケになってむかった先は
パチンコ屋でした
ACHINKO & SLOT
BER
MAX機登場!
イベント開催中
イベント開催中
ドリーム
ど
どーして
イヤな思いしてるのに!
パチンコが普通なんですよね…
身近すぎて何の抵抗もないんです…
しかもたいてい母と一緒スロットを打つ時なんかは
目押しして
まだできないの
仲良し!

半年後
飲食店に就職し
忙しくてパチンコにも
行けなくなりましたが
5万
貸して
はい
勝って
返ってくりゃ
いいか
私じゃ
ダメだから
良一の名前で
借りて
お金
すぐに貸します
初回 無金利◎
消費者金融
はい
はい
ちょっと
大阪行って
お姉ちゃんに
お金借りてきて
はーい
母さんが10万
貸してってさ
ったく
しょうがない
ねぇ
姉は
家を出たものの
水商売・風俗
AV・ストリッパーと
高給の職を追いかけ
母に金を
渡していました
すっかり
母に毒された
僕たちからは
金を渡さないという
選択肢は
消えていました
お金に関して
まともな考えが
できなかったのです

22歳で今の会社に就職
年収は500万だけど仕事は超ハード
辞めたいけど500万以下じゃ母に金渡したら残らない…
ここからも借りて
かんたん はじめてのローン 0.00%
OK
家を出ようとは思わなかったんですか
便利すぎて一人暮らしの必要がなくて
そっか渋谷の中心地！
ところが祖母が亡くなって
前後してローンが払えなくなった家に怖い人が出入りしだし…
24歳の時に家を失います
今なら逃げられる
だけど
男は僕一人
死ぬまで面倒みるって約束したし
これから年とっていく女の人たちを置いていけない

上の伯母とは疎遠になりましたが
下の叔母を呼んで
僕たちは埼玉で暮らし始めました
相変わらずパチンコ通いの母
お母さん毎日並んでるねぇ
しかし2年ほどして母が難病に罹患
突然の介護が始まります
どこ行くんだよ危ないって
今日新装なのよ
ふらっ
いい加減にしろっ
いいじゃないかケチ！
良一 ケア用品の代金どうすればいいの？
そっか払わなきゃ
難病の介護には多額の費用がかかる上
母に組まされていた消費者金融のローンも膨らんでいました
34歳 自己破産
自分に金使ったこと1回もないのにな

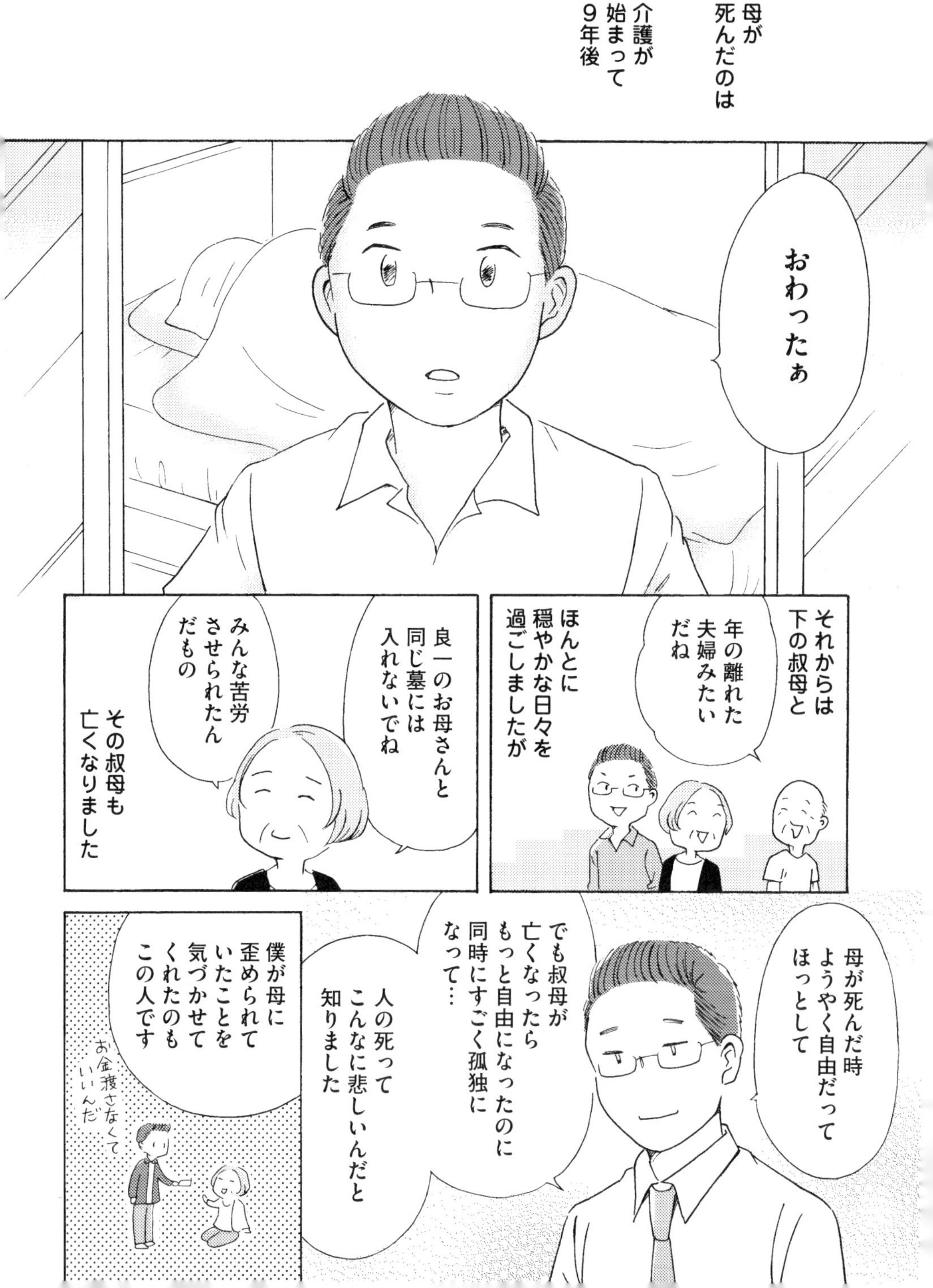
母が死んだのは
介護が始まって9年後
おわったぁ
それからは下の叔母と
年の離れた夫婦みたいだね
ほんとに穏やかな日々を過ごしましたが
良一のお母さんと同じ墓には入れないでね
みんな苦労させられたんだもの
その叔母も亡くなりました
母が死んだ時ようやく自由だってほっとして
でも叔母が亡くなったらもっと自由になったのに同時にすごく孤独になって…
人の死ってこんなに悲しいんだと知りました
僕が母に歪められていたことを気づかせてくれたのもこの人です
お金渡さなくていいんだ

僕はペシミストだし
今でも金を使うのが怖くて
有給をとっても家でじっとしていたり…
でも最近英会話教室に行くようになったんですよ
初めて自分にお金を！
今は母を反面教師に死んでまで恨まれるような生き方をしないようにって
心がける毎日です
「どうしてお金渡しちゃうの？」
「どうして逃げないの？」
そう言うのは簡単
でも誰だって石山家に生まれたら
同じことをする可能性があった
毒されて異常を普通と刷り込まれるってそういうこと
気持ちすごくわかったなぁ…
私も…「男だから逃げられない」ってので思い出しました
1週間で10時間しか寝ないで働いて倒れたことがあるんですが
母の「お前が息子だったら働いて私を逃がしてくれる」ってセリフが影響してたのかな
う〜ん気になる…

先祖の仏壇は
あるけど
母の遺影はない

戒名も
見えないように
してる

父母の仲は悪いけど
私は両方と仲がいいので大丈夫だと思ってましたが
みなさんのお話を聞いていたら
私がいつも結婚に踏み切れないのは
頭の中に幸せな家庭像がないせいかも…と…
アシスタントでお世話になってた先生も似たようなこと言ってました
この本にも登場してもらってます
酔うと化け物になる父がつらい
家庭は戦場
大人になって家を出てせっかく亡命できたのに結婚してまた内乱の国に戻りたくない
って言ったね
それです先生
何度言わせるんだ!
男のくせにうるさいわね!
もうやめて〜
365日争いのたえない家で育ったのはマンガ家の米沢《よねざわ》りかさん
CASE.7
米沢りか マンガ家 の場合

ヒーン
ヒーン
犬がかわいそうだから ここまでにしましょう
私はずっと犬以下の存在でした
ケンカの原因は…
ささいなことだよ 例えば 父はお皿にスプーンをつっこまないでくれって言うんだけど
母は毎っっ回やるの
二人が結婚した時 みんなが驚くほど父は母の父親に似てたんだって
早逝した祖父
そっくり
おそらく母はファザコンで娘のように甘やかされたかったのに
妻や母の役割を求められるのが苦痛だったんでしょう
だから母にとって娘の私はライバル
2人の兄 特に次兄は溺愛してたけど
長兄 7歳上
次兄 5歳上
私 りか キラーイ
こんなハッキリ!?
言ってました
それならほっとけばいいのに
ピアノを習わせたり
♪
お嬢様ね～ お兄ちゃんたちも優秀ですものね
ピアノくらい普通ですよ
あこれ バカラのグラス

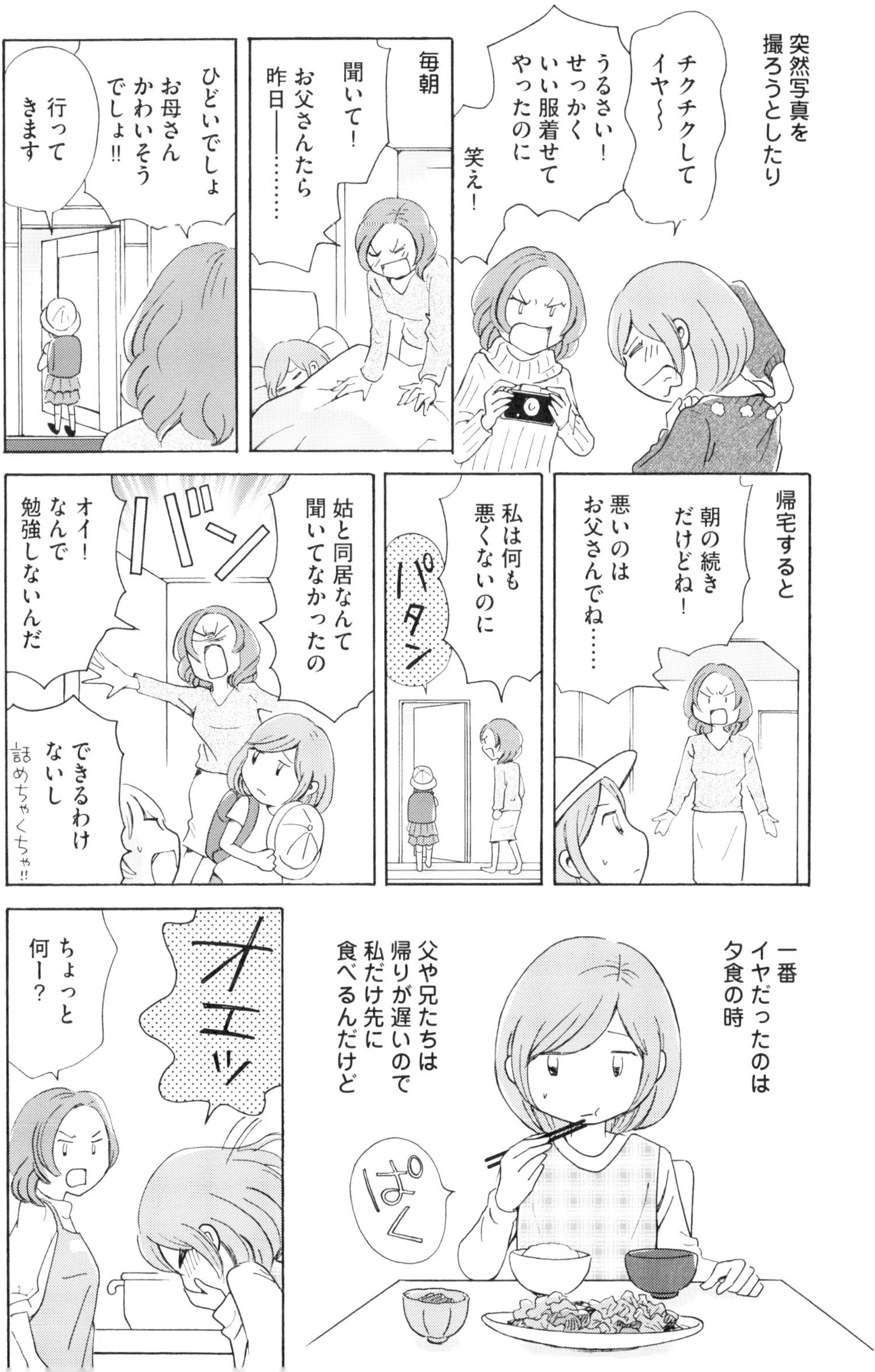
突然写真を撮ろうとしたり
チクチクしてイヤ〜
うるさい！せっかくいい服着せてやったのに
笑え！
毎朝
聞いて！お父さんたら昨日——……
ひどいでしょお母さんかわいそうでしょ!!
行ってきます
帰宅すると
朝の続きだけどね！
悪いのはお父さんでね……
私は何も悪くないのに
パタン
姑と同居なんて聞いてなかったの
バン
オイ！なんで勉強しないんだ
できるわけないし
詰めちゃくちゃ!!
一番イヤだったのは夕食の時
父や兄たちは帰りが遅いので私だけ先に食べるんだけど
ぱく
オエッ
ちょっと何ー？

腐ってる…
くんくん
え？
あら ほんとだ
ドサッ
わざとか否か
毎日 腐ったものが出てきて…
な…なぜ
だから 学校の給食は 男子にバカに されながらも おかわりしてたの
米沢またダ
女のくせにー
それが 中学になったら お弁当になってね
キャアア
うぞぞぞ
ある時は 中に大量の うじ虫が！
ちょっと もう ワケが…!!
ひ
嫌がらせ!?
わかんない 家事がダメだから 食品の管理が できなかったの かもしれないし
兄たちにも こんなお弁当 だったのかも謎…
だんだん家事は 私がやる ようになり
ガー
畳のヘリ 踏むな
お兄ちゃんも 踏んでたよ
男は いいんだ

おかわり
労働力としては親に認められるようになったけど
両親のケンカは相変わらずで
長兄も入って血を見ることもしばしば
私ほどかわいそうな女この世にいるー!?
オイりかはなんで泣いてんだ
え?
私に同情して泣いてるのよ
それが嘘だったらお前を殺す!
だっ
それでねお父さんが
…お母さん
私死にたい
何言ってんのお前なんか
私なんてね——……
「母の好きなところ」を作文にしろと言われて
好きじゃない理由しか書けなかった国語の時間

あはは
この中に自分の母親を嫌いって書いた人がいまーす
がんばりましたがどうしても書けませんなぜなら…!
誰ー!?
ウケる
それはさらしものにされ
先生から何のフォローもない
子どもながらに発信したSOSは誰にも届かず
30歳までガマンしよう
その頃には親は死んでる
そう考えたのは16の時
同時に応募したマンガが入賞し
LaLa
すぐにデビューが決まって
ごちそうするよ賞金もあげる
私は稼げるんだから家から出してよね
うなぎ
と無言でプレゼン
家出や反抗はしなかったんですね
家の中がずっと波風立ってるからさらに自分でも立てようとは思いませんでしたね
あ私もそうだったのかも

年とるごとに母の奇行はひどくなり
ばちん
ばちん
ヒィ〜
何してるの
こいつが悪いんだ
おばあちゃん認知症なんだからしょうがないでしょ！
私ばっかり損してる
また母か
頭悪いから仕方ねーよ
ほんと女ってのはどうしようもないな
母はすっかりバカにしていい存在に
それまで晩酌しかしなかった母の酒量が少しずつ増えていきました
BEER
BEER
完全に酒びたりになったのは
家を離れるため大阪で就職した次兄の結婚が決まってから
母が溺愛していた次兄は一度も関東へは戻らず
礼服のレンタルに…
こ…この方のですか？
私は
お兄ちゃん逃げた
——と
長兄もやがて結婚
大学卒業と同時に仕事場を構えようと思っていた私は
お母さん外で倒れてるよ
えっ

母の面倒を
みるため
家の近くに
借りざるを
えませんでした
米沢
お母さん
ちゃんと寝て
ガバッ
酒っ
ダメだよ
もう寝てよ
よく
やるなぁ
そう思うなら
お礼くらい
言ったら?
お前に
そんなこと
言うようになったら
俺も
おしまいだよ
母の世話は
女で娘の
私の仕事
飲酒を止めようと
してるのは
私だけ
酒害相談
じょ〜
俺も1杯に
するから
お前も1杯で
やめろ
りかっ
開けろ
酒を
出せっ
ドンドン
やめるわけ
ないでしょ

私の父は ここまで 飲まなかったので 逆に依存症に 気づけなかった 悔いもあるん ですが
どっちがいいって ことはないですね
そうだね
結局母は アルコール 依存症性の 痴呆になり
足が止まらなくなる
肝臓を悪くして 黄疸も出て 私が32歳の時に 死にました
いまわの際に 父が
みんな お母さんのこと 大好きだって 言ってるよ
しらーーっ
なんだ この家族って 思いましたね
米沢さんは 家族をもたないって 早くから 決めてたんですか
もとうと 思ったこと ないですね
実は20年近く つきあっている パートナーがいて
彼も結婚したがって いたんですが
家＝戦場 というイメージで どうしても 怖いから イヤなんだ
そっか
それなら 俺はりかと いたいだけ だから 形はどうでも いいや
ステキな人 ですねぇ！
いい人です この人と 比べて うちはどれだけ 男女差別が ひどかったのかも わかりました

でも
誤解して
ほしくないのは
恋人がいるから
サバイブできるん
じゃないってこと
先生
彼と出会う前から
全然変わってない
ですもんね
優しくて
誰にでも
親切で
デパートで見知らぬ人に
おせいぼ何がいいかしら
そうですね
後に文通したり
助けを
求められたら
拒まないだけ
なんだけどね
世を恨まな
かったんですね
うちが
ひどかったから
世間が優しくて!
礼には礼で
返ってくるって
なんて素晴らしい
ところだろうと
だから
一人でも
きちんと立って
社会の中で
生きていこうと
考えるように
なりました
最近
ますます
そう思うのは
去年 次兄が
アルコール
依存症だと
知ったから
なんですけど
えっ
大阪に行った
お兄さん!?
うん
久々に帰ってきて
こっちの友達と
飲んだ後
布団でもらしたの
奥さんに
聞いたら
毎日
大量飲酒して
週に2、3回
もらしてると
先日は
意識不明で
路上に倒れてると
救急隊員から…
飲みながら
言うのは
どれだけ
母が嫌いだったか
…だって

※矛盾する方向に引き裂かれてしまう状態
母に愛されてた兄はダブルバインド(※)がキツかったんだと思う
でも兄には子どももいるの自分もいまだに親の問題で苦しんでるのに
子どもに同じ思いをさせてることに気づかないふりしてるのが許せない
黙って世話してる奥さんも心配で連絡したら
私なりに関係を見つめ直してみますので時間をください
でも甥と姪は私を慕ってくれてるから
全心かたむけるつもり!
マンガ家とアシスタントっていわば師弟関係
だけど米沢先生は対等につきあってくれていて
私と妹が二人そろって家のことを相談できた唯一の人
自立した人間同士で支えたり支えられたりして生きていこうと教えてくれた人
自分の家庭像を考えてみたらやっぱり夫婦がすれ違う映像しか出てきませんでした
私は妻が滅私奉公する図です

いつの間にか
見知らぬ
おばさまツアーの
面倒をみていた
米沢先生
あなた
自分で自分を
育ててきたでしょ
そうなの
かしら

華々しいキャリアを持つ文筆家アルテイシアさん
零細企業に勤めるオタク男性と結婚し
格差婚なども言われた彼女が一貫して女性に訴えるのは
男に選ばれることを目指すのではなく人生は自分で選んで歩もうということ
アルテイシアの夜の女子会
オクテ女子のための恋愛基礎講座
そう考えるようになったのは
孤独死した母の部屋…
検死も終わったし片づけなきゃ…
ぴら〜〜っ
わっ何コレっ
お母さんの生き方が色濃く影響しているそうです
CASE.8
アルテイシア 文筆家 の場合

お母さん いくつで お亡くなりに？
59歳です
なのに服は 20代が 着るようなもの ばかりで
手帳には…
めざせ 35キロ
35!?
拒食症で 痩せてるほうが キレイだと 信じ込んでいた んですよね
もともと母は とても美人で
ほそ〜っ
高学歴で 会社を経営していた 父と出会い
お互いの金と美に 目がくらんで結婚
IN神戸
アルテイシアさんも おきれいです
双子
母似の弟は 一時期 モデルを してたくらい
セレブ志向で 他人にうらやまし がられたい母は
子どもを 有名私立に 通わせようと 必死になりました
有名塾
毎日 行くのよ
えーっ やだーっ
あなたのため なんだから
うそつけ
自分の ためでしょ
こんな早くから 親の欺瞞に 気づけたん ですか!?
性格的な もんかなぁ
私 気が強いから

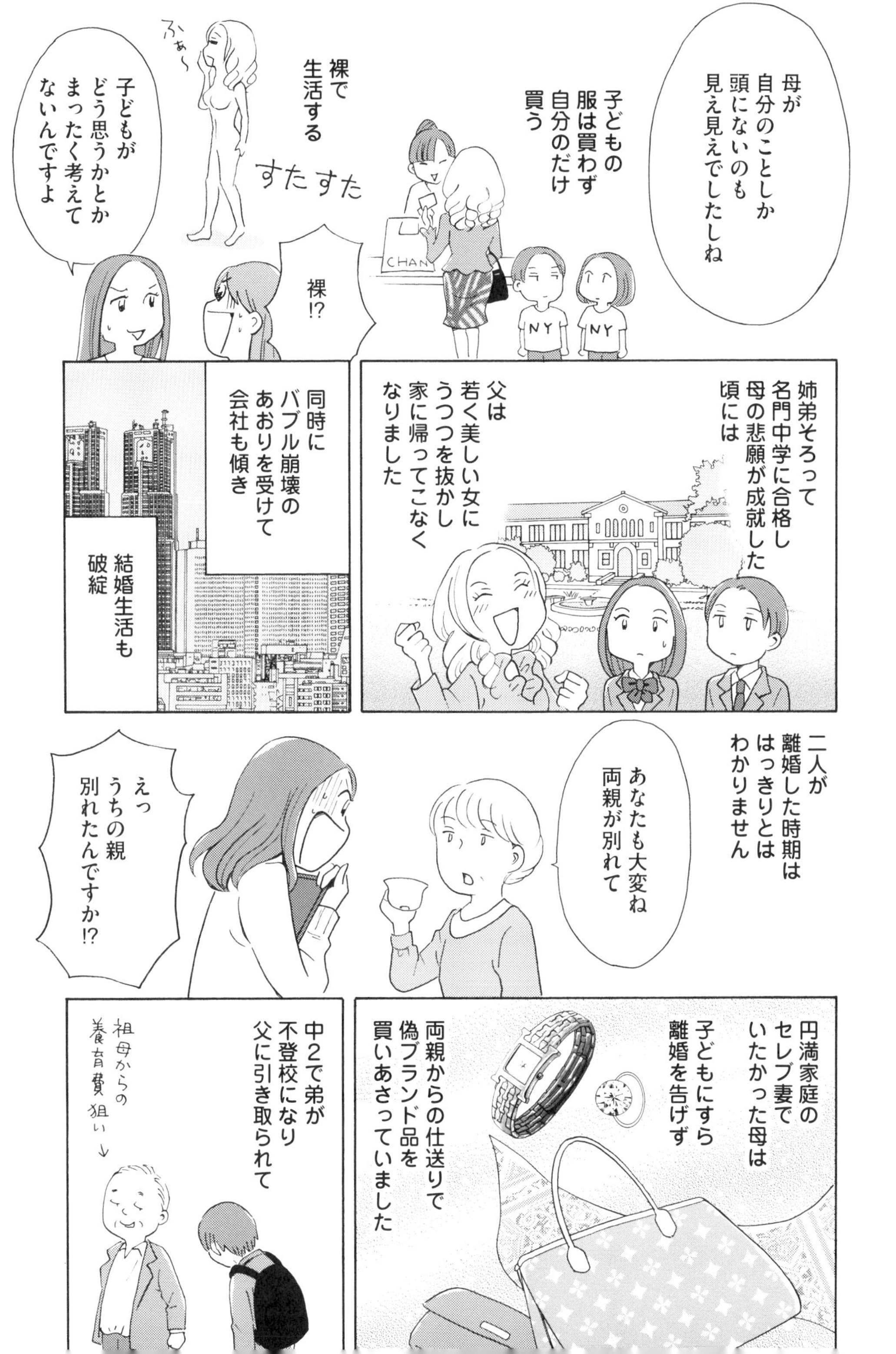

母が自分のことしか頭にないのも見え見えでしたしね
子どもの服は買わず自分のだけ買う
CHAN
NY
NY
裸で生活する
ふぁ～
すたすた
子どもがどう思うかとかまったく考えてないんですよ
裸!?
姉弟そろって名門中学に合格し母の悲願が成就した頃には
父は若く美しい女にうつつを抜かし家に帰ってこなくなりました
同時にバブル崩壊のあおりを受けて会社も傾き
結婚生活も破綻
二人が離婚した時期ははっきりとはわかりません
あなたも大変ね両親が別れて
えっうちの親別れたんですか!?
円満家庭のセレブ妻でいたかった母は子どもにすら離婚を告げず
両親からの仕送りで偽ブランド品を買いあさっていました
中2で弟が不登校になり父に引き取られて
祖母からの養育費狙い↓

母と二人の日々が始まりました
痩せるにはまずいもの食べるのが一番！
ぶほ
下剤を飲んで1日トイレにこもったり
早く出て〜っ
ビシャー
日記に人の悪口ばかり書いてたり
いとこまで同じ中学受かりやがった
うちの子だけでいいのに
ちくしょう
ちくしょう
1週間行方不明だったりする母との生活はむちゃくちゃ
ハワイ行ってたの!? 私の学校のオーストラリア研修はお金ないからダメって言ったくせに！
1週間も中学生ほっとくなんて
芸能人にプロポーズされたったぁ
私が高校生になる頃にはアルコールに耽溺しはじめ
食事もとらず1日ビール
自殺未遂を起こし救急車で運ばれたりも
お父さん お母さんが大量に薬飲んで…
ガシャン
俺には関係ないやろ
救急
うちの娘に何すんだ！ 母親の世話もできない奴は帰れ！
祖父
祖母

母の自殺に
おびえて暮らす
日々に疲れ

このままでは
その前に
私が母を
殺してしまう

そう思って
家を出たのは
18歳の時

数日後偶然会った父は
なんやお前生きとったんか！
みんなが家族の絆をうたってるのに
私にはそんなものない
家族が欲しい
こんな時まっさきに私を探しに来てくれる人が
自分でもなぜかわからないまま
私は男の人をとっかえひっかえしてつきあうようになりました
さびしすぎて愛に腹ペコで
一瞬だけでも満たしてくれる相手が欲しかった

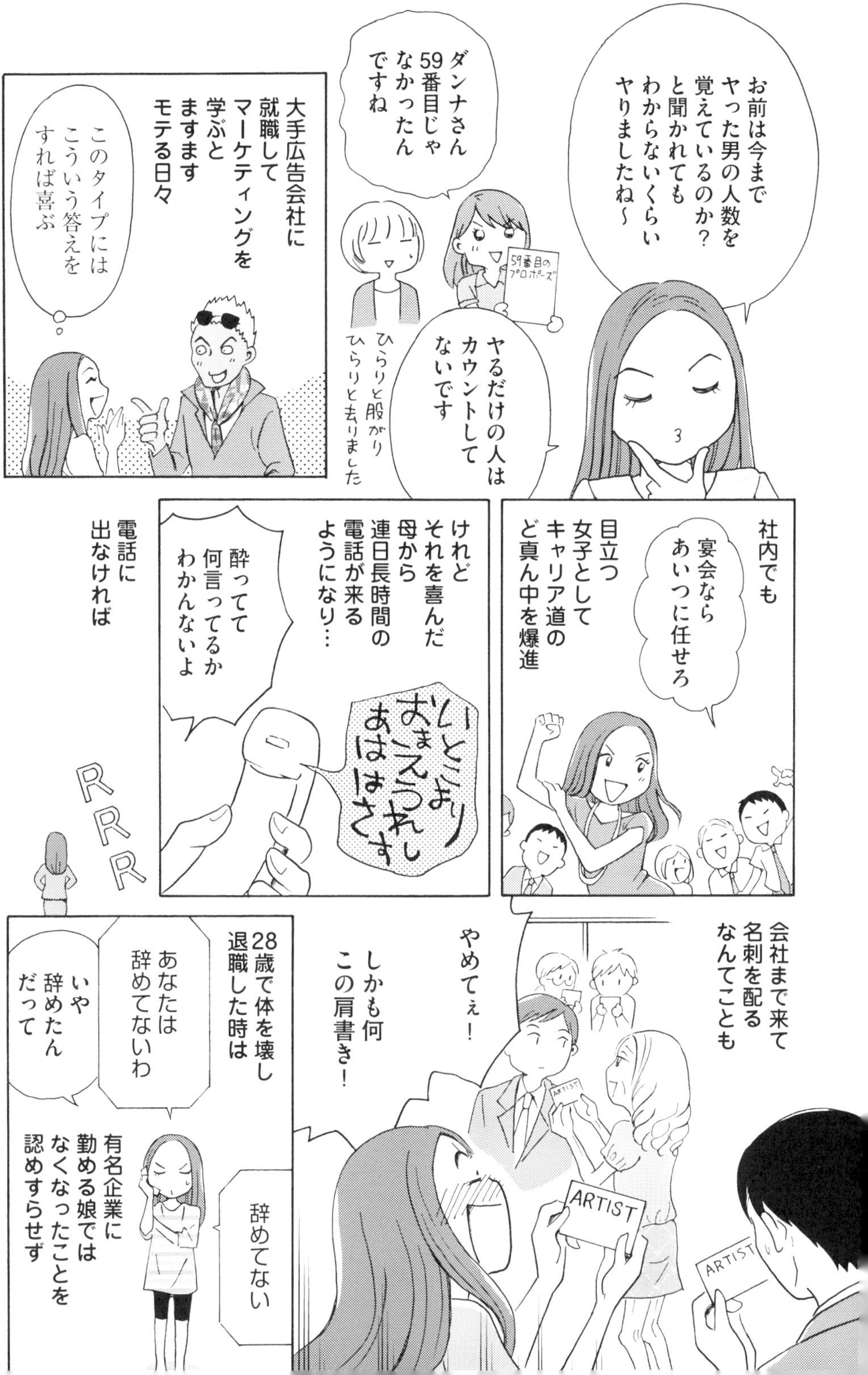
お前は今まで
ヤった男の人数を
覚えているのか？
と聞かれても
わからないくらい
ヤりましたね～
ダンナさん
59番目じゃ
なかったん
ですね
59番目のプロポーズ
ヤるだけの人は
カウントして
ないです
ひらりと股がり
ひらりと去りました
大手広告会社に
就職して
マーケティングを
学ぶと
ますます
モテる日々
このタイプには
こういう答えを
すれば喜ぶ
社内でも
目立つ
女子として
キャリア道の
ど真ん中を爆進
宴会なら
あいつに任せろ
けれど
それを喜んだ
母から
連日長時間の
電話が来る
ようになり…
酔ってて
何言ってるか
わかんないよ
いとこより
おまえうれし
あははさす
電話に
出なければ
RRR
会社まで来て
名刺を配る
なんてことも
やめてぇ！
しかも何
この肩書き！
ARTIST
ARTIST
ARTIST
28歳で体を壊し
退職した時は
あなたは
辞めてないわ
いや
辞めたんだって
辞めてない
有名企業に
勤める娘では
なくなったことを
認めすらせず

夫とか 子どもとか まわりを 飾り立てる ばかりで お母さんは 空っぽじゃ ないか
ブツッ
母とは 絶縁状態に なりました
けれど 母のように なりたくないと 思う一方で
ハイスペックな 男性に いい顔してしまう 私もいて
素の自分は 出せないけど こいつと 結婚すれば 安泰だよなぁ
なにせ 今は フリーランス
そんな時に
古谷徹 着信ボイス
間違いない! メールだ!
アムロか?
今の夫と 出会います
女性とつきあった ことのない オタクの彼に 好意を寄せられ
とまどいつつも マーケティングが 通用しない ワクワクさと
なんだ その服ー!!
ダメですか?
俺は セックスが したいんじゃなく あなたと つきあいたい 返事を くれるまで 不安で 毎日 胃薬飲んでる
あはは
胃
おもしろさと 真剣さに 惹かれ
ブラックボックスを 開けて見せる 覚悟がついて
家が 難しかったから 普段は明るく してるんだけど 時々ウツに なるんだ 私…
PREDATOR
つきあった 人たちは それで去って いったよ
あなたにも 同じこと されたら 私は壊れる かもしれない

そんなあなたを俺が受け止めなかったら誰が受け止めるんですか
誰が守るんですか
まっさきに私を探しに来てくれる家族が見つかりました
格差婚だって話題になりましたよね
他人の目は無視です
自分がこの人を好きになった
それだけ
お母さんと正反対の選択!
59番目のプロポーズ
33歳の時叔母から母が拒食症で入院したとの知らせを受け
数年ぶりに会ってみると
先生〜男のお医者さん紹介して〜♥
ひいぃ
相変わらず男に幸せにしてもらおうという母がいて
退院後の電話も
看護師さんが私の絵を褒めてくれたの
みんなよくお世話してくれてね
自称アーティストだから→
表札にも「アトリエ」と…
弱ってようやく人に感謝できるようになったか
もっともっとお世話されたい〜い!
これが最後の会話です

半年後
孤独死状態で
見つかった
母の部屋は
死体の
確認なんて
怖くてムリ！
俺が行く
待ってて
しまった
こんな服
着てくるんじゃ
なかった
いつでも
笑わせてくれて
ありがたいよ…
20代向けの
服ばかりが
大量に…
美人はそれだけで
エリートに愛されて
幸せになる
母はその物語を
追い続けて
幸せとはいえない
一生を終えた
だから
アルテイシアさんは
女性たちに
そうならないでって
訴えているんですね
ダンナさんとは
お互い
好きなことをする
独立独歩な
カップルって
書いてますもんね
はい
でも
一緒にいる時は
私は8歳の娘
って設定で
めっちゃくちゃに
甘えてますよ
そうなん
ですか！
彼は愛情深く
育てるのが
得意な人で
パパって
呼んでるし
出張の時は
彼のニオイの
シャツもってくし
ふが
ふが
パジャマに
する
膝に
のったり
鼻くそ
つけたり
それは
どうか

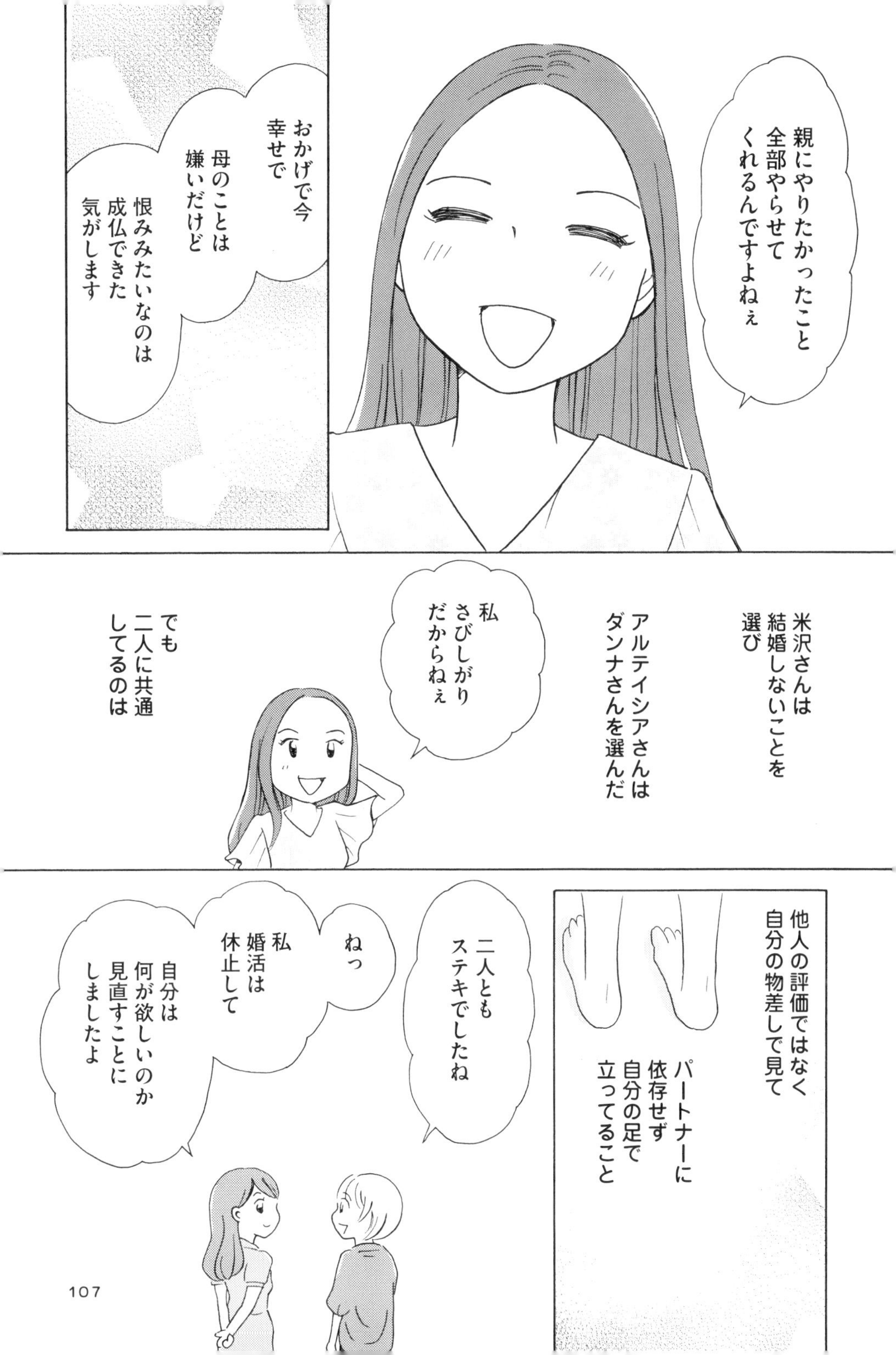
親にやりたかったこと全部やらせてくれるんですよねぇ
おかげで今幸せで 母のことは嫌いだけど 恨みみたいなのは成仏できた気がします
米沢さんは結婚しないことを選び
アルテイシアさんはダンナさんを選んだ
私さびしがりだからねぇ
でも二人に共通してるのは
他人の評価ではなく自分の物差しで見て
パートナーに依存せず自分の足で立ってること
二人ともステキでしたね
ねっ
私婚活は休止して
自分は何が欲しいのか見直すことにしましたよ

親は元彼みたいなもんだと思えばいいのよ
元彼が弱ってても別に助けないでしょ
1度縁があったけどもう切れた人

CASE.9 鳥海奏妃 タロット占い師 の場合

大家族じゃ
ご両親お仕事
がんばったん
でしょうね
いえ
それが…
父は 千葉の
陰陽師の
流れをくむ家の
ぼんぼんで
金目当ての
友達しか
いないことに
嫌気がさし
イケメン
母の実家のある
知床で家を
構えたんです
田舎なので
新参者のできる
仕事は
民宿くらいしか
なくて
でもお金に
困ったことの
ない父は
民宿ヒグマの家
熊を撃ったり
流木を
集めたり
皿を焼いたり
ギターを
弾いたり
ああ…
生活がかかって
なければ
魅力的というやつ
突然子どもを
離れに閉じ込めて
暴行したりするだけで
働かず
何も
してないよ
どうせ
言っても
わかんねーんだから
ブン殴ってやる
ガツ
ガツ
前言撤回
魅力ゼロ！
私が小学生の頃には
イライラした母が
お酒を飲んでは
ヒステリーを起こす
ようになり
バン
キーッ
もともと
だらしないのに
拍車がかかり
民宿なのに
居住スペースは
汚屋敷状態
洗濯して
くれないので
洗っていない
服を何度も
着る
でも母は 妙に
愛されキャラで
宿泊代
いらないから
うちを手伝え！
おうよ！

お客さん よく…
都会になじめなくて バイクで 北海道1周する ような人が 多かったので…
そのうち母は 名物ママとして テレビにも出る 人気者になって
北の人情 知床のごうかいママ
部屋に 泊まれないなら 庭にテントを 張らせてくれと いう人も出るほどの 大盛況
お客はみんな 母のファンという 状態になり
ここに あった財布 盗んだだろ
知らないよ
ママ これ？
あれ
も〜 また 酔ってたん でしょ〜
あははは よし！ 飲み直すか
待って ました〜！
外で 遊んでても
ポカッ
痛っ
お母さんに 謝りなさい
Born to be Free
えっ なんで？
何が悪かったのか 自分で考えて ごらん
母に あることないこと 言われたお客に 突然怒られたりも
面倒に なったのか 女ができたのか 父は帰って こなくなり

母のうっぷんはすべて子どもにむかいました
姉はディスリ
あははは
この子はなんにもできなくてさー
客の前で土下座
私にはおだてて家事を押しつけ
奏妃のお茶はおいしいから客のぶん全部淹れて
妹たちのことはいじめ
母の日 おかあさんいつもありがとう!!
は～
こんなことされてもお母さん全っっ然うれしくない
そんな中で唯一の癒しが母が知人からもらってきたタロットカード
見よう見まねでやってたのに
いい大人たちが夢中になって話を聞きにくるのがおもしろかったのです
あたってる
私も占って
小5の時両親が離婚
最後だからめちゃくちゃにしてやる
とっとと出てけ
お父さん行かないで～
この頃にはすっかり冷めた目で親を見るようになっていて
またやってる
こんな状況でも
お前を殺して私も死ぬ
逃げ切れば落ちつくんだから

中学生になると
家事はすべて
私がやることになり
えっと
今日から
来るのは
25人で
連泊は12人で
ラム肉
玉ネギ
ニンジン
1泊目の
お客さんへの
サービスの
ジンギスカン
食べ放題
連泊の人向けの
毎日違った
メニュー
家族のご飯
離れに住む
祖父のご飯
翌日の
お弁当
――を
作ることに
こっっ
こんな!?
鳥海 また
なにか
コソコソ
書いてたぜ
あいつんち
民宿なのに
汚いんだよ
くせー
きたねー
ギャハハハ
たびんちゅ
奏妃ちゃん
今日は
どこ?
Aスーパーと
B店に…
見かねて
姉が手伝ってくれても
お姉ちゃんの
味噌汁は
ほんっと
クソマズイな!
なぁ!?
ぶっ
やっぱ
奏妃じゃ
ないと
…こんなに
大人がいたのに
誰もおかしいと
思わなかったなんて
おじいさんも
味方じゃなかった
んですか?
祖父の
お気に入りは
上の妹で
トイレ行くの
めんどくせー
じょ~
尿瓶でした
尿の処理を
させたり
してました
冬は凍るので
ストーブで
溶かさなきゃ
いけなくて…
ギャー
私が高校生に
なると
ホールケーキ
みっつ焼いて
今から…?

カシャ
カシャ
おいしそう
だね
ぁ
うるさかった
ですか？
ううん
いい匂い
だなーって
オイ
なーに男と
話してんだ
色気づき
やがって！
女として
ライバル視して
くるようになり
夜な夜な
あっ
あっ
あん
あん
あん
お客さんや
近所の男と
つきあっては
あえぎ声を
聞かせるように――…
なんか
聞こえるね…
やだな
ほっとけば
いいよ
けれど
私は 今さら
動じもせず
私自身も
お客さんの大学生と
つきあって
バレた時
母が大暴れしたので
友達の家に
手紙を送ってもらって
文通してた
はい
彼から
次はいつ
会えるかな

すっ
え
ギシッ
何?
お前はバカだ
あんな男を
好きになって
あの人はね
お母さん狙いで
来てたんだよ
ねぇ
気持ち悪いから
やめてくれる?
ハッ
お前たちさえ
いなければ
私を
幸せにして
くれる男は
たくさん
いるんだよ
生まなきゃ
よかった
ガーン
高校を出たら
自由にしてやると
言われていたので
姉も勤めている
札幌で
デザインの
専門学校に
女子寮だったので
占いで人気者に
なったりして
魔女かよ
奏妃!
あたり
すぎ~!
ああ 毎日
楽しいなぁ
ところが
2年目に
車で8時間
かかるのに
気づいたら
ここに来てた
…

大変なんだよ
帰ってきてよ
学校あるから
ムリだよ
人気の宿だったのに
やりくり下手な
母のせいで
常に借金もあったのです
結局
泣きつかれた姉が
即日会社を辞めて帰り
宿の近くで
居酒屋を開業
デブ!
さっさと
酒だせよ
ブス!
お姉さん…
一方 私は
就職で東京に
その後
妹二人と
弟も
上京し
時々
突然やってくる
母を
いなしながら
25歳で
フリーの
広告デザイナーに
29歳の時
仕事の形態が
変わり
潮時かも
そういえば
友達が
井の頭公園で
占いやってたなぁ
まねしてみると
大はやり!
すっごい
あたるんだよ
それから
知人の店に
入れてもらって
頼りにしてくれる
常連さんもできて
お忍びで
有名人の
お客さんも
来るんですよね
家を出てからは
順風なんですね
それが
そうでも
なく…
30歳で
高校生からの
彼氏と
別れたあと

借金男
ギャンブル男
DV男など
ダメ男にばかり
尽くしてしまい…
うわあ 私と一緒…！
好きって言われるとすぐつきあっちゃうんです
いじめにもあってた私を好きになってくれるなんて…って
世話をするのも別に大変じゃないし
民宿きりもりしてたんですもんね…
ご飯一人分でいいし…
タロットでダメと出ても
でも私に断る権利なんてないし…
THE TOWER.
1度は16歳年下のある宗教の信者と結婚
奏妃さんの入信は強制しないわよ
いや僕も辞めて二人で暮らすよ
でも当然入るわよね オーラ
そう言われた義母は私たちの入籍の日に自殺未遂を起こし
あわてた息子が帰ったところで軟禁
以来音沙汰なし！
2年後に離婚届が来て結婚生活1日もないんですよ
最近は私の自己評価の低さも問題だとわかってきて
なんとかするのが課題です
そうですよ鳥海さんステキな人なんだから！

その間に
母は脳溢血で
2度倒れ
宿も店も閉め
今は
施設に入って
結婚した姉が
面倒をみて
います
会いに行くん
ですか?
行かない
ですね
母がまだ
家にいた頃は
時々帰り
ましたが
無視されたり
しましたしね
裏切って出てったヤツに
用はないよ
こっちは忙しいんだ
妹は 子どもを
連れて会いに
行ったそうですが
おばあちゃん
わがまま
ばっかり
「孫まで泣かせて
イヤになった」と
帰ってきたし
だけど
早く元気に
なってね
民宿のご飯
おいしかった
って聞いたよ
おばあちゃんの
得意料理
食べさせて
それはね…
あの頃は
イヤなことがあって
私はお酒ばっかり
飲んでたから
奏妃に全部
やらせて
たんだよ
かわいそうな
ことをしたよ
…って
ぽろ

あっ
ごめんなさい
なんでっ
いえ！
大丈夫大丈夫…！
母のことで泣いたことなんかないのに―…
うれし涙かくやし涙か
この涙には名前をつけられません
ただ一人でかかえるには重すぎた思いをこぼしてくれてうれしい
泣けないほど気丈に張りつめてたおさない奏妃ちゃんを
私たちも一緒に愛しむことができるから
たくさんの傷を乗り越えてきた鳥海さんの占いは
きっと人に優しく寄り添うものでしょう
THE LOVERS.
THE SU
THE WORLD.

離婚しても
近くに住んでいた父

謎の行動で
傷つけてくる
意味がわからない!

生きづらさとか
なぜか抜けられない
負のスパイラルとか
親が影響してた
ことって
多かったんですね
なのに
ハタノさんは
明るいですよね
昔はそうでも
なかったですよ
自分に自信も
なくて
無理な仕事を
断れなかったのも
そのせいも
あったのかも
私なんかに
まかせて
くれたんだから
カンペキに
しあげねば…!!
父の悪口を聞くと
無意識に
自分の半分を
否定されたように
感じてたんじゃ
ないかな…と
でも全部を
親のせいに
しちゃあ…
1度 全部
親のせいにして
いいんですよ
僕もいろいろ
こじらせたのは
自分の
罪悪感を押しつける
母のせいだったと
思ってます
そう言うのは
AV監督であり
文筆家でもある
二村《にむら》 ヒトシさん
CASE.10
二村ヒトシ AV監督・文筆家 の場合

なんでも親のせいにするなとは言われるけど…
親のせいにしていいい?
うん 僕の母は暴力をふるったりはしなかったけど じわーっと息苦しさを与えてくる人でね
六本木のど真ん中で皮膚科を開業した母は
二村医院
新聞記者の父と結婚し僕をもうけるも
わっ きたねっ
べたぁ
しっ しっ
僕が3歳の時に父を追い出し離婚します
お前がしっしっ!
毒舌だけど女医だから許され愛された母は
薬サボったろバカ患者!
ひ~すんませ~ん
先生の言う通りにしたらよくなりました
ほらな
何より腕がよかった
土地柄芸能人の患者も多く病院は繁盛
地元ではちょっとした有名人でした
二村先生!
わ テレビの人
そんな母の歓心を買いたがったのが
お手伝いさんや住み込みの看護師さんら5人の独身女性

僕は彼女たちに溺愛されて育つんですが
ヒトシ君
ヒトシ君
それは唯一の男というだけではなく母の息子だったから
背の高い美人で男性的だった母は
レズビアンではないけれど世話焼きの女性にとって放っておけない存在
彼女たちは
二村先生に頼まれごとしちゃった♥
わ…私だって
母をめぐって嫉妬しあい
母もそれを知っていて
手際が悪い
ブンッ
メス
厳しくするのはあんたができる子だって信じてるからだよ
はいっもっと頑張りますっ
彼女たちの心を利用し支配
だけど僕に対してだけは
ヒトシは母の味を知らずに育つのか…
ごめんね
別にいいけど
世間の母親のようにできないことに勝手に罪悪感をいだいていて
幼稚舎から慶應だから医学部受験ラクよ
医者？
あっヒトシがなりたければ…ね！
嫌われることを異常に恐れてる

神童と
言われた僕が
中学でまったく
勉強しなく
なっても
本読んで
エライね
勉強教えなくて
ごめんね
マンガ
こんなに毎日
働いてばっかで
母親失格ね
片親にして
ごめん
うっとうしい
なぁ！
こっちが
加害者みたいな
気分になる！
僕にだけ
女帝になれなかった
母は
別の方法で
息子を
かかえ込もうと
します
ポリ
ポリ
かわいそうな
ヒトシ…
僕のアトピーだけ
治さないという
やり方で――…
ポリ
ポリ
ずっと
お母さんが
診てあげる
からね
言外に
にじむのは
〝治らなければ
この子は
離れていかない〟
そして
僕にも
母さんが
くれる薬が
一番効く…
なぜか
こんな思いが
あったのです
思春期になると
アトピーのせいで
醜形恐怖になり
同時に
家の中では
王子様なのに
外では
女の子に
見向きも
されないし
男同士の
つきあい方も
わからない…！
慶應生らしからぬ
サエない青春を
送ります
オタク
シュミ

ヒトシ君成績落ちてるけど…大丈夫かしら
どいて
医者はいいから
まっとうな社会人になろうね
そういって高校生の時につけられた家庭教師は
母の知人の娘
Retur Nee
普通プロに頼むだろーよ
やんわりコントロールしようとして…
しかし
くねん
ん？
なぜかいい雰囲気になってしまい
僕は彼女と初体験してしまいます
おおお…
母を出し抜いた感じは小気味よく
のど乾いたな
はい♥
お前の作戦はいつも成功するワケじゃねーぞ！
女性に求められたのもうれしく
俺…悪くないのでは？
大学に入ると人間関係もうまくまわり始め恋人もでき
芝居が好きだったので劇団を立ち上げました
パノラマ歓喜団

これが評価を得たので そのまま大学を中退
ずっと慶應だったのに すべてムダに してやれ
母に対する腹いせもありました
けれど事後報告すると
こんな母親に何も言う資格ないよ あんたがそうしたいならしょうがないね
僕は怒ってほしかったんでしょうか
ただひたすら何でも許すべったりとした母の愛が苦しくて仕方ない
中退後はすぐに恋人と結婚
でも住んだのは母が増築してくれた部屋で
二村医院
今月やべ～ 劇団だけじゃ食ってけね～なぁ
俺もバイトかけもち中
ずっと母からこづかいをもらいバイトもしたことがない僕
顔をあわせるたびに
早く一人立ちしなさいね 10万プラスしたから劇団員さんにもごちそうするんだよ
言われなくてもするよ
仲いいよね…
イラついて母との関係を切りたいと思うのに

結局僕も母に甘え依存しているのです
癒着を断ち切りたくて僕が選んだ道はAV男優でした
わあっ極端にふりきった…！
直接は言わなかったけれどもちろん母へのいやがらせ
数年後劇団は解散し監督になってモテ本を出した時も
すべてはモテるためである
二村ヒトシ
親が気持ち悪がるものを書こう
ということは断ち切るどころか常に僕の背後には母がいたのです
AVは結婚後だったんですね奥さんの反応は…
それがよく覚えてなくて男優やるねって言ったらはーいとか返事してたような…
その後本が話題となり
母は僕の仕事を知ることになるのですが
社会学者や哲学者までもが
ただのモテ本じゃない名著だ!!
捕まらないでね
もはや母は憎かった
けれどそれを突きつけて破局したくもない

2年後に
息子が誕生
作品も売れ
生活は安定
引越しもして
母に金をもらう
必要もなくなりました
しかし
モテ本を書いて
作者もモテ方が
身についたというか
僕は急に
モテ始めて
しまいます
結婚
してるのに
してたけど！
モテちゃったんだよっ
僕の好きな
強く 自立して
仕事のできる
美しく
背の高い
女性たちに
お母さんじゃ
ないですか
だよね…
しかも僕の
やり方は
母が家の
女性たちに
していたのと
そっくり
だったんだよ
好いてくれる
気持ちを利用して
支配するような
相手の女性が
嫉妬や独占欲で
苦しむのがわかるから
僕も
モテても
苦しい
でも
母のせいで
こんなやり方以外
知らない
できない…
だけど
彼女たちや
まわりを見てみると
この子
親が完璧
すぎたから
自分はそう
なれないと
卑下してる
みんなも
親の影響を
受けていて
さらに
だから
真面目
なんだな
そこから
出てくるのは
悪いもの
ばかりじゃない
すべての親は
子どもの心に
穴をあけるから
子は苦しむ
だけど
その穴からは
魅力も湧き
出ている――…
そう考えるように
なりました

それを書かれた本 ベストセラーに なりましたね
僕自身も 親と自分を 見つめ直して だんだん 変わることが できた本です
なぜあなたは「愛してくれない人」を好きになるのか
でも 自分の魅力に 親が影響 してるにしても こんな 育てられ方は イヤだった けどな…
もちろん だから親を許せって ことじゃないよ
本当の自分は 親との関係抜きには とらえられない 長短含めて 自分のことを きちんと知る
それが 自分を好きになり ラクになれる スタート地点だと 思うんだよ
お母さんは 読まれたん ですか？
どうかな その頃は母も 年をとっていて
引退して 体も弱って 養老院に 入ってた
ヒトシ 来てくれたの
小さく なった…
超人かと 思ってたけど 普通の人間 だったんだ

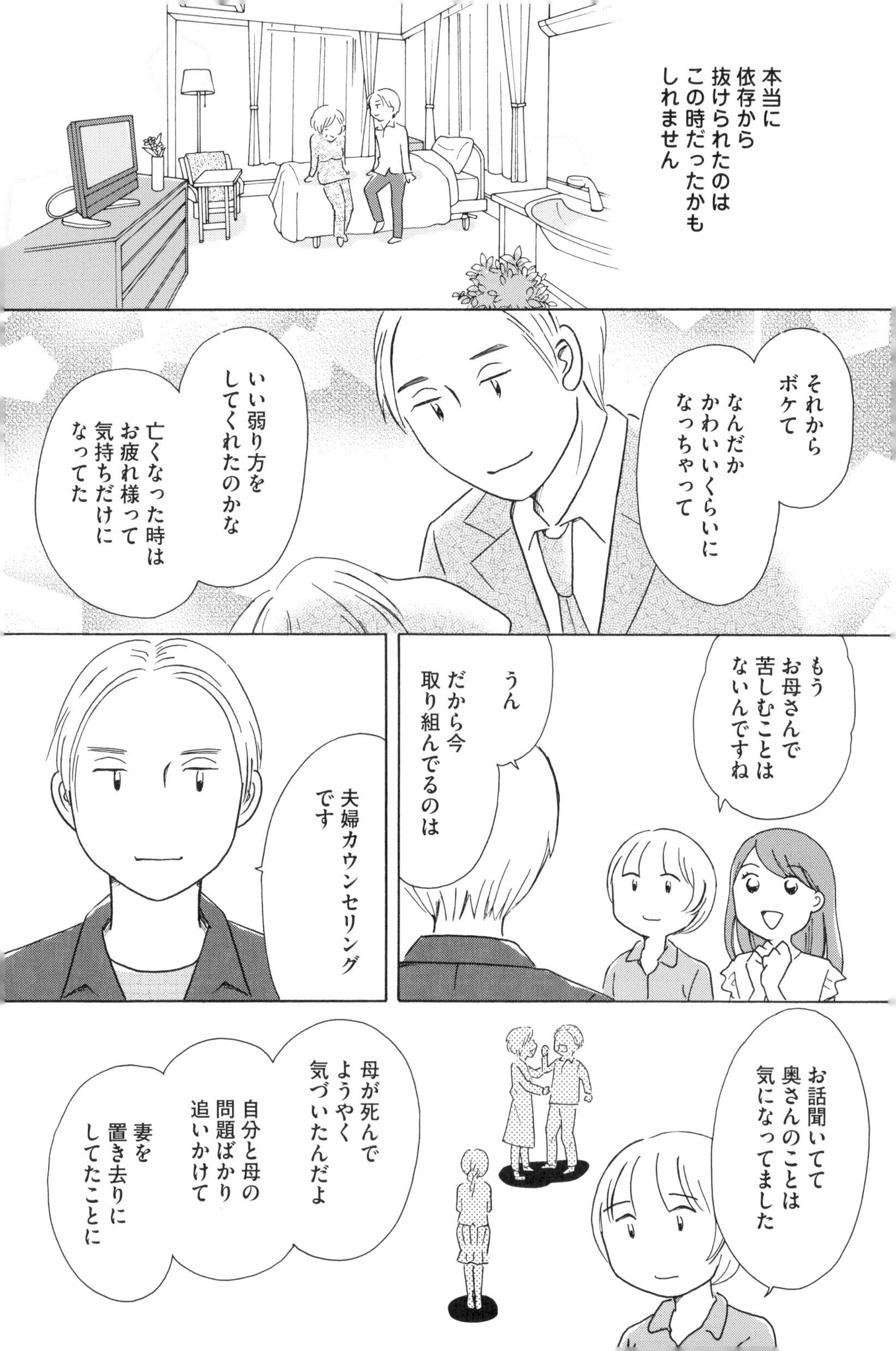
本当に依存から抜けられたのはこの時だったかもしれません
それから ボケて なんだか かわいいくらいになっちゃって
いい弱り方をしてくれたのかな 亡くなった時は お疲れ様って気持ちだけになってた
もう お母さんで苦しむことはないんですね
うん だから今取り組んでるのは
夫婦カウンセリングです
お話聞いてて奥さんのことは気になってました
母が死んでようやく気づいたんだよ 自分と母の問題ばかり追いかけて 妻を置き去りにしてたことに

まるで違う二人なのに
妻に母を投影して何でも許してくれるって甘えてた
自分だけラクになってもダメだよね
大事な人ときちんと向き合わないと
奥さんの気持ちは推測するしかないけれど
二人でカウンセリングに通っているということに
夫婦が同じ未来を望んでいることが見える気がします
自分を知って好きになる…
私もそこから変わったのかもしれないです
自分を嫌いだと友達まで悲しむって知って
まだ自分を嫌いなの?
はっ
自分を好きになることって私には難しいんだけど
生きづらさも魅力も生み出す心の穴
踏み出せるならここからかもしれないです

離婚してから
いい友達になった
両親
おいしいですね
敬語で
しゃべって
楽しそうだった

CASE.11 伊藤洋子 主婦 の場合

子育て真っ最中の方のお話は初めてですね
私は東京で生まれたんですが
東北出身の父が開発を見込んで土地を転がそうと
3歳で青森に連れていかれました
両親の仲は悪く
―!!
お姉ちゃんまたやってるね
うん…
―!!
ぴたっ
しーん
あっくるっ
バン
お前らたるんでるんだよっ
ブッ殺してやるっ
父からは激しい暴力を受けました
手が痛くなるとスリッパで殴る父
母はずっと無言で見ていました
父が盆栽の水やりを忘れると
なんで気づかないんだ
食事を抜かれるのは私たち
大雪が降っても
出てけ
パジャマ

友達の前でも
誰のおかげで飯が食えてる
うわ怖っ
待って僕のお父さん怖くないよ…！
かわいがっていた犬をコンクリートに叩きつけられた日は
キャン
五感すべてが硬直しました
父親は殴るものと思っていた私は
お父さんもお母さんも好きー
なんでそんな嘘つくの？
友達とも距離を感じるように
父が唯一陽気になるのはお酒を飲む時
飲み行ってくる
やったいっぱい飲め
けれど酔うと女性にだらしなくなるようで
この傷は？
お尻さわったら引っかかれちった
浮気 不倫をくり返していました
土地転がしのメドは立たず父だけを置いて東京に戻ったのは私が6年生の時
もうあの人の浮気にはガマンできないよ
苦労したねぇ
え

私たちが殴られてたからじゃないんだ
殴らない母は優しいと思ってたけど違うのかもしれない
財布に弟が赤ちゃんの時の写真を入れている母は中学生になった弟が不良になってもかかりきりで
え 弟さんのだけ…？
高校受験なんだけど…
近くのでいいでしょ いちいち聞かないで
成績表
お母さんは働いてるの！男の子育てるの大変なのよ！
私は かなり下のランクの高校にしか通わせてもらえず
つまんない
出席日数ギリギリで卒業
適当な会社に就職しました
両親が正式に離婚したのは19歳の時
この子はお母さんが引き取るけど あんたはどうする？
…私もお母さんに…
20歳頃から弟は 私に暴力をふるうようになります
そして25歳の時
洋子が出て行け！
…いいよ これで自由 一人のほうがむしろ気楽だよ
ところがまったく眠れなくなり

電車内で
パニック発作
食事もとれず
毎日点滴となり
精神科に
通うことに
なります
仕事も辞め
親しい友達も
なく
なんて
めちゃめちゃな
人生だろ
それからは
薬を飲みながら
派遣の仕事を
細々とこなし
なんとか
生きて
いました
母からは
しょっちゅう
呼び出しがあり
ペアで行く
海外ツアーが
あるの
お前
つきあって
私も律義に
応じてしまいます
楽しいでしょ
感謝しなさい
お母さんと
いると
具合悪くなる
ほんとに
仲良し
親子よね～
けれど20代も
後半になると
毎日
結婚しろと
電話がくる
ようになり
電話線
ぬいた
ストレスから
お酒に溺れるように
なってしまいました
３６５日
休肝日なし
水筒に
ワインを入れて
持ち歩き
薬とお酒で
ヘロヘロになって
目が覚めると
見知らぬ人が
―なんてことも

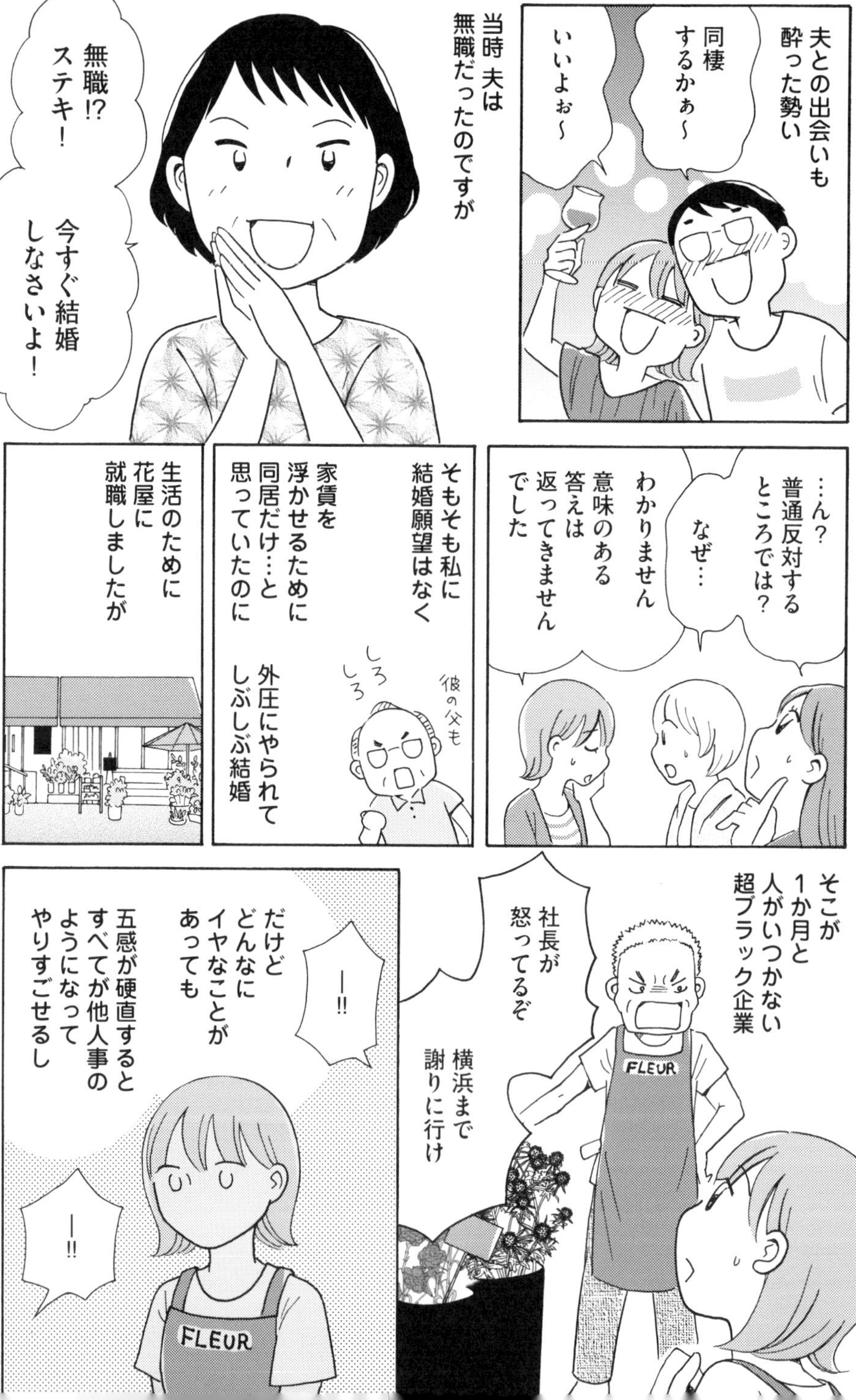
夫との出会いも酔った勢い
同棲するかぁ～
いいよぉ～
当時 夫は無職だったのですが
無職!? ステキ!
今すぐ結婚しなさいよ!
…ん? 普通反対するところでは?
なぜ…
わかりません 意味のある答えは返ってきませんでした
そもそも私に結婚願望はなく
家賃を浮かせるために同居だけ…と思っていたのに
彼の父も
しろしろ
外圧にやられてしぶしぶ結婚
生活のために花屋に就職しましたが
そこが1か月と人がいつかない超ブラック企業
社長が怒ってるぞ
横浜まで謝りに行け
FLEUR
―!!
だけどどんなにイヤなことがあっても
五感が硬直するとすべてが他人事のようになってやりすごせるし
―!!
FLEUR

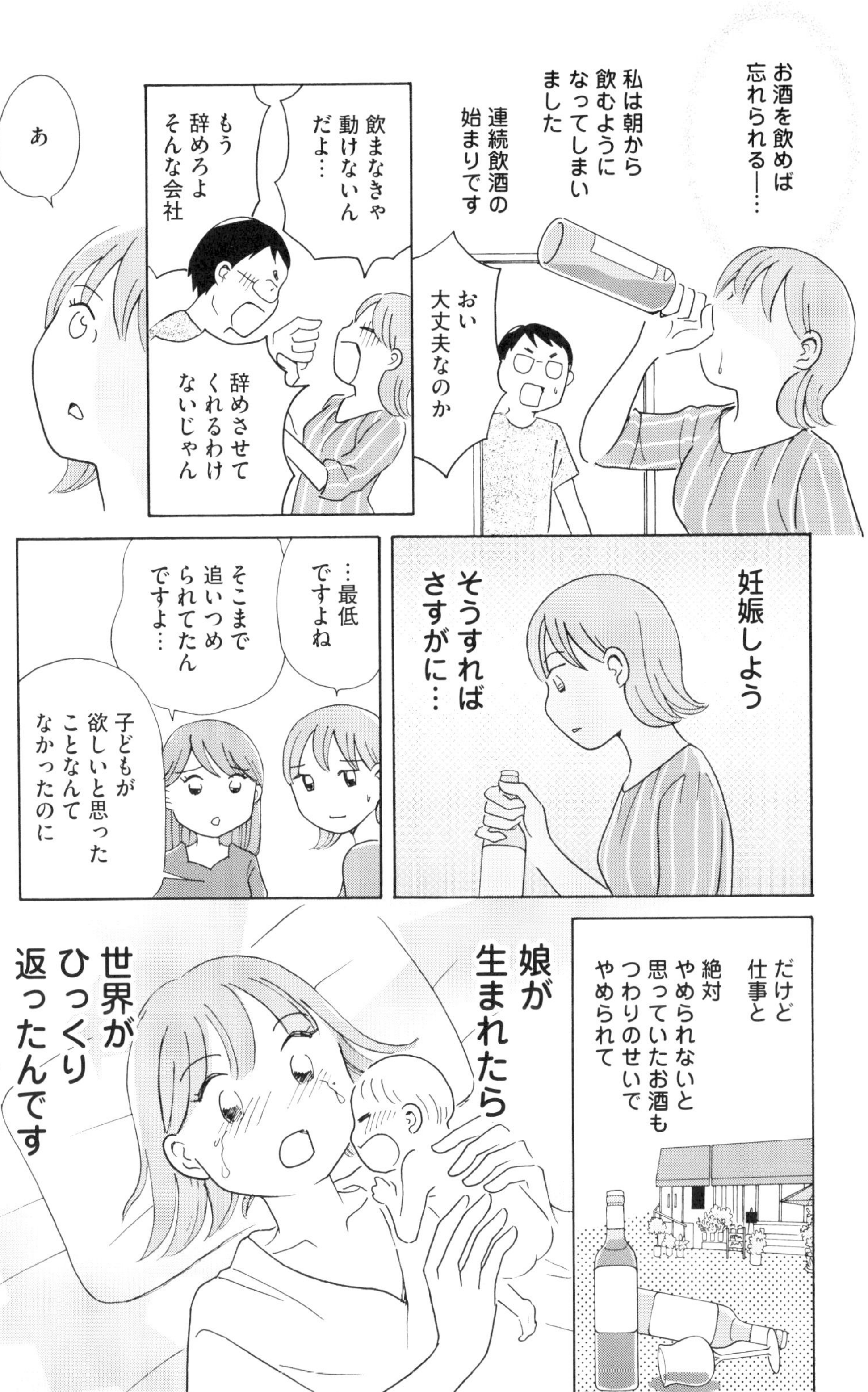

お酒を飲めば忘れられる――…
私は朝から飲むようになってしまいました
連続飲酒の始まりです
おい大丈夫なのか
飲まなきゃ動けないいんだよ…
もう辞めろよそんな会社
辞めさせてくれるわけないじゃん
あ
妊娠しよう
そうすればさすがに…
…最低ですよね
そこまで追いつめられてたんですよ…
子どもが欲しいと思ったことなんてなかったのに
だけど仕事と絶対やめられないと思っていたお酒もつわりのせいでやめられて
娘が生まれたら
世界がひっくり返ったんです

命を
もらったのは
私のほうでした
もちろんこれで
ハッピーエンド
ではなくて
母は 内祝いを
母の名で
送るし
内祝
働き出した夫も
派遣切りにあって
その頃
成功していた父に
お金の援助を
頼まなきゃ
いけなくなるし
こんな時代に
子どもなんて
生みやがって
お前が
まともに
育てられるわけ
ないだろう！
お金は
くれました
でも
殴って
育てたのは
まともだったの
かよ…！
深く
傷つきました
父は夫にも
怒鳴りつけ
母は母で
早く
働きなさいよ
甲斐性なし
突然
義父の家に
押しかけたり
ここに
あと3人住める
わよねぇ!?
なんですか
非常識な
ねぇ
お父さんが
マンション
買ってくれる
って…
お義父さんの
世話に
なるなら
離婚する

※同じ問題をかかえる当事者たちが回復を目指す集団

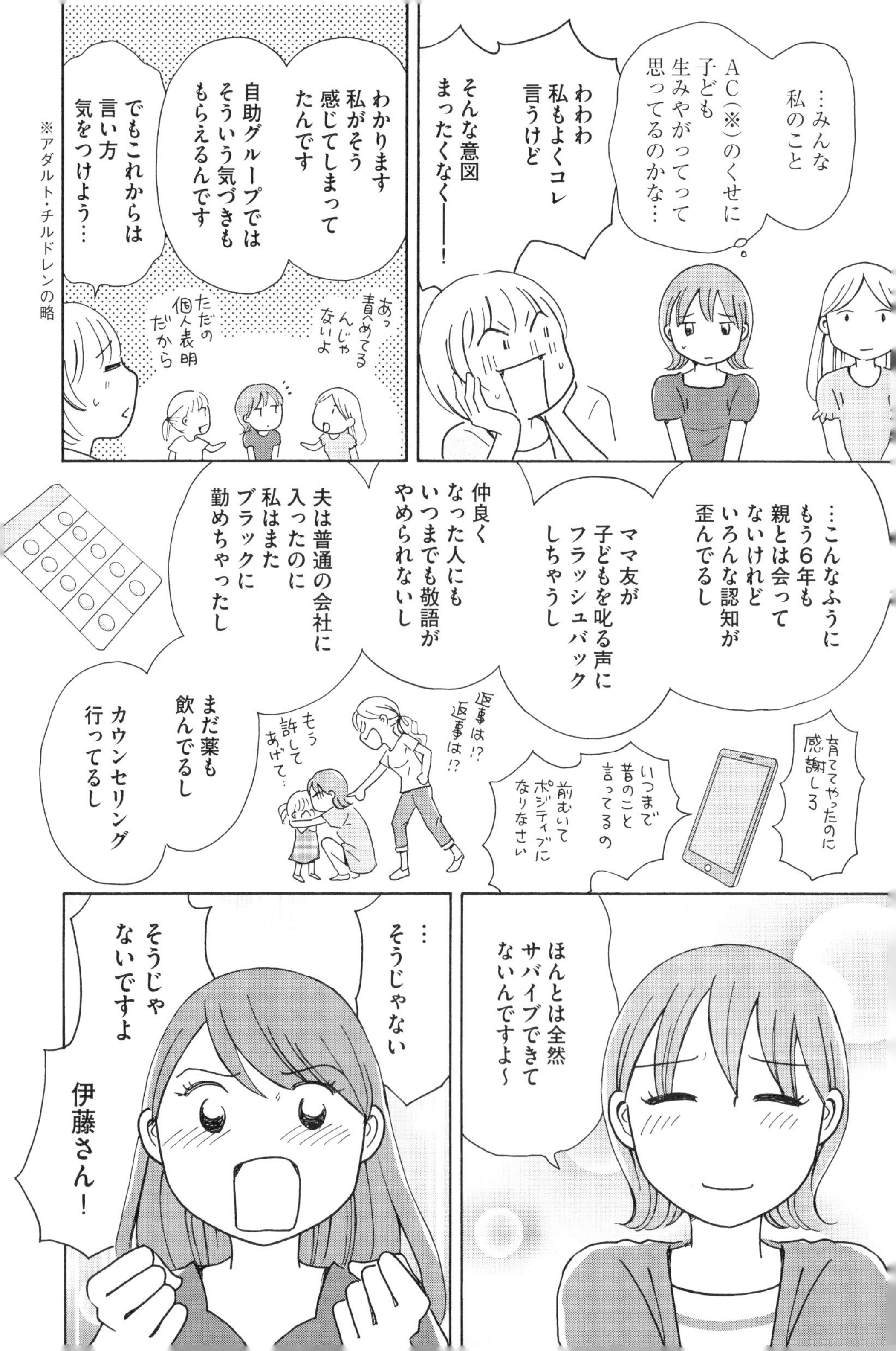

※アダルト・チルドレンの略

サバイブってなんていうかうまく言えないけど…！
伊藤さんは今お子さんとはどんな関係ですか？
娘には…
生まれてくれただけでお母さんは幸せだから
この先一生親孝行なんてしなくていいって言ってます
この間は家族で江ノ島に行って貝殻を拾いました
その前は高尾山に登って…
普段はたわいもないこと話して聞いて
一緒にご飯食べて
そんなことくらいしか私にはできないので
それ以上のことないですよ
それが私たちがしてほしかったことじゃないですか

昔は父に
2時間やらされてた
マッサージ
今は娘との
スキンシップ
タイム

エピローグ

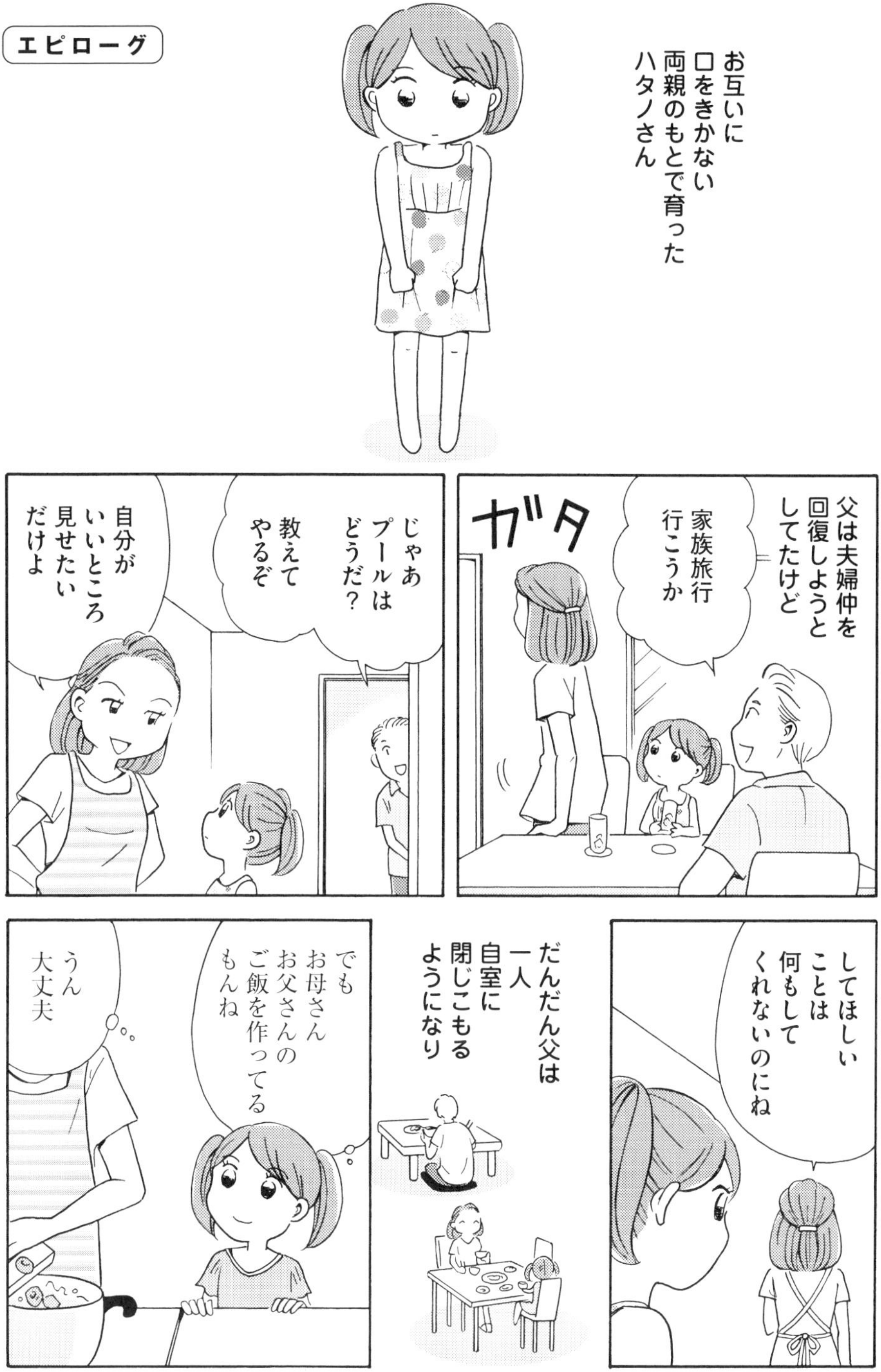
お互いに口をきかない両親のもとで育ったハタノさん
父は夫婦仲を回復しようとしてたけど
家族旅行行こうか
ガタ
じゃあプールはどうだ？教えてやるぞ
自分がいいところ見せたいだけよ
してほしいことは何もしてくれないのにね
だんだん父は一人自室に閉じこもるようになり
でもお母さんお父さんのご飯を作ってるもんね
うん大丈夫

お父さんは私たちより自分の母親が好きなのよ
は〜
お母さんかわいそう 私は困らせないようにしなくちゃ
なつやすみの宿題
反抗期もなくいい子のまま成長
お母さんと仲悪くてごめんね
何言ってんのお父さん！
うちの父定年したらキャンピングカー買って夫婦で日本一周するとか言ってんだよ
えっ
仲良すぎでしょー
ステキ〜〜!!
大人になったハタノさんは恋人ができてもなかなか本音でつきあえず
結婚となるとなぜか逃げ腰…
一方仕事には
過労で倒れ3か月の休職を余儀なくされるほど邁進
休職届

いろんなことに目をつぶって
ムリをしてたんですね 私
でも今のハタノさんのいい人さには全然ムリした感じがないですよね 自分を好きになれたから？
うーん でもハッキリと これで好きになったって出来事はないんですよ
ただ私は一人も嫌いな人がいないのに
自分にだけは嫌われててかわいそうだな
好いてくれる人たちにも悪いなとは思っていて
ある時会社の鉢植えに水をあげてたら
あ…この人と友達になりたい
——って自分のことを
変なんですけどこの瞬間のことはすごく覚えてます
そういえば聞きましたよ社内でのハタノさんのアダナ

ハタノ菩薩
あまりにも
穏やかで
優しいから
だって
ホホホ
ホホホホホ
菩薩が来たから大丈夫じゃー
仕事おわるぞ
ありがてぇ
生き仏だよ
そんなこと言われてたんですか！
夜中の2時でもニコやかだから恐れられてもいるそうです
おはようございます
ホホホ
実はぶっ壊れてんじゃねーか
え〜〜っひど〜〜い
そんなハタノさんみたいに
私もなれたらいいなぁ
やっ！何をおっしゃる！
お話してくれたみなさんもそうだったんですよ
それぞれの家のおかしな普通に
苦しめられ悩まされ

まわりとうまく
やっていけず
世間とのズレに苦しんで
自分を偽ったり
閉じこもったり
だけど
それでも
生きのびて
きた人たちは
今は
みんな
ひとのほうを
向いてる

確かに
そうでした…！
さんざん
傷つけられてきた
人たちなのに
虐待の連鎖なんて
言われるけど
親からの
マイナスの影響は
断ち切れるどころか
プラスにもなるんだって
教えてもらいました
もちろん
まだもがいてる
あなたも
いまだに
閉じこもりがちな
私も
ほんとは
生きてただけで
いい
すごい
だけどもし
この先
進める時が
来たら
方向は
こっち
そこなら
古傷が
痛んでも
また
転んでも
支えあって
いけるから

こっちだよ

親子関係のこれまでとこれから

信田《のぶた》さよ子《こ》（臨床心理士）

お読みになって、こんなこと本当にあるの、ちょっとフィクションじゃないのと思われた方は、本書のような事態を経験しなかっただけ幸いだと思ってほしい。読み進むうちに、自分も経験してるかも、自分と同じじゃないか、と思われた方は、それに気づけてよかったと思ってほしい。何よりインタビューを受ける勇気を持たれた11人の皆さんに、心から敬意を表したい。

本書に解説など要るのだろうかと思いつつ、このような本が誕生するまでの流れ・歴史を簡単に述べたいと思う。どんな変化も、先人たちの歩みや努力を土台にしている。それを知らないと、未来に生きるひとにバトンを渡し、希望を託すこともできないと思うからだ。

親の加害性を初めて指摘した、アダルト・チルドレン（AC＝Adult Children）という言葉

19世紀末から20世紀初頭にかけて、ジグムント・フロイトというひとが「精神分析」というものを創始したことはご存じだろう。彼の中心的概念がエディプスコンプレックスというものだ。男児は母親を最初の愛の対象とするが、父親がその実現を妨害する、そんな父を精神的（象徴的）に殺害することで成長するという仮説である。詳しくは概論でいいので本を読んでもらいたい。大切な点は、人間の成長に親との関係が深く影響していると、初めて指摘したことだ。しかし、それはあくまで「象徴的」な次元であり、現実的な殺害や抑圧ではないと考えられてきた。現在でも、多くの精神分析的立場をとる専門家はそのようにとらえている。

私はカウンセラーとして、それとは異なる立場をとってきた。１９７０年代から多くのアルコール依存症者と家族、90年代に入ってからはギャンブル依存症や摂食障害にもかかわり、その家族が想像を絶する暴力をふるわれていることを知っていたからだ。１９９６年にはアダルト・チルドレン（ＡＣ）についての本『「アダルト・チルドレン」完全理解』（三五館）を書き、子どもたちがどれほど過酷な状況を生きてきたかを明らかにし、そんな自分に誇りを持ってほしいと述べた。ＡＣは、日本の家族史においておそらく初めて親の加害性（子どもは被

害者であること）について指摘した言葉だろう。象徴でもなく、心の問題でもない、現実に今・ここで起きている（起きていた）ことなのだ。ACという概念はそう主張したのである。

心のつながり、心の闇といった生半可なものでなく、生きるか死ぬかの瀬戸際を生きている妻や子どもたちへの対処が問われるし、そんなひとたちの「味方」にならなければならない。そう考える私のようなカウンセラーは、実は今でも少数派なのである。

子どもにとって、最大の悲劇とは

21世紀初頭に児童虐待防止法（2000年）とDV防止法（2001年）が制定された。それから20年近く経ったが、警察をはじめとする専門機関の前に登場するのは、ほんの一握りでしかない。悲惨な虐待事件が起きるといっせいに社会の関心を引くが、あれは氷山の一角に過ぎない。本書に登場する11人の皆さんの家族は、世間からは「ふつう」、時には「恵まれている」と思われていただろう。それどころか最大の悲劇は、本人たちも「これが当たり前」「家族ってこんなもの」と思っていたことだ。なぜなら、家族以外に生きられる場所などないし、世界そのものである家族＝親を否定することは、国・もしくは地球を脱出することに等しい、つまり死を意味するので、そう思うしかないのだ。
そして、親の命令を聞けない自分が悪い、親のことが怖い自分がヘンだ、親を殺したくなる自分は狂っている、と思う。その先に広がる道の方向性は限られている。少しずつメンタル的に壊れていくか、自殺するか、反社会的行為によって非行（犯罪）化するか、それともアディクション（嗜癖）を呈するか、である。酒や薬、ギャンブルや自傷行為などのアディクションは、束の間「痛み」から解放させてくれるからだ。
しかし、どの方向性も理不尽ではないか。親の行為が問われるのではなく、子どものほうがヘンだ、歪んでいると考えられるなんて、ひどすぎるだろう。子どもは決してそんな親を選んで生まれてきたわけではない。「あなたは子どもに選ばれた」というスピリチュアル系のトンデモ説に涙ぐむのは、単なる親の自己満足に過ぎない。本書を読めばそれは一目瞭然だ。そして、11人のひとたちの経験は、親からの「被害」と呼ぶしかないこともよくわかる。

親から受けた「被害」を自覚することから、すべては始まる

4つの道のどれも選ばないためには、どうすればいいのか。

から始まる。

自分が受けたことを「被害」であると気づき、自覚することだ。すべてはそこから始まる。

ＡＣという言葉の登場によって、親がヘンなのであって、子どもは被害や迷惑をこうむってきたのだと初めて主張できるようになったのだ。それまでの家族観や親子観を１８０度ひっくり返すような、一種の革命ともいえる大転換だった。

しかし、そんな考えがすんなりと世間に受け入れられるはずもなく、今に至るまで「親子の絆」「家族愛」大合唱は続いている（特に２０１１年の東日本大震災以降、いっそう家族愛の強調が強まった）。

１９９６年に本を出版してから、多くの専門家や評論家から有形無形のバッシングを受けた。ＡＣかどうかは自分が決めると書いたことで、精神科医たちからも暗に皮肉を言われたものだ。常識や世間は、反逆する存在を許さないことを思い知らされたのである。

それから22年が過ぎた。ＡＣという言葉を知らないひとも増え、今度は「毒親」という言葉が広がりつつある。念のため述べておくが、私は毒親という言葉を自分からは使わない。簡潔だしわかりやすいかもしれない。でも親を毒と言えばそれでいいのか、と思う。いったん毒親と断定することで、世間の常識を反転・転換できる効果は認めるが、「毒親持ちの私はどうやって解毒すればいいのか」などと言われると、ちょっと引いてしまう。

最初に述べたように、大切なのは、あの親から自分が被害を受けたと認めること、その親の姿を言葉を使って表現し伝えること、それが同じ経験をした仲間に共有され、被害を受けながらこうやって生きてきた自分を認め、誇りを持てるようになること、なのだ。そうして初めて親と距離をとることができる。

「世代連鎖」を恐れず未来に希望を抱く

11人のひとたち（男性が多いのも特徴だ）が子ども時代からどんな経験をしてきたかが、限られた紙数で実に具体的にリアルに描かれている。依存症の親が多いのにも驚かされたが、期せずして見事にタイプ化されたその姿は、編集者のまとめと菊池さんの描き方によるものだろう。

多くの被虐待経験者が、「あまりにひどくて、もう笑うしかない」と涙ながらに語る姿を多く見てきた。あまりに悲惨な話は、文章化するともっと耐えられなくなる。それがマンガ化されると、適度にデフォルメされ、なんとも滑稽に思えるのは不思議な効果だ。キャラ立ちした親たちの姿は、まるで舞台を眺めているようだ。

本書を読み終わると、希望が湧いてくる。ともすれば「世代連鎖」という言葉に影響され、同じことをやってしまうのではと恐れるひとたちがあまりに多いが、11人のひとたちは親と同じ道を歩まなかった。自分のプライドに賭けても、それだけはしないという思い・覚悟が、本書の至るところから伝わってくる。それが読むひとたちに希望を与えるのだ。

本書は、親から押し潰されそうになっている多くのひとたちに届くことで、1996年に登場したACから続く流れに連なるだろう。それは、未来の同じようなひとたちのサバイバルを助けることにもつながっていくはずだ。それを心から願っている。

プロフィール

1946年、岐阜県生まれ。臨床心理士。お茶の水女子大学文教育学部哲学科卒業、同大学院修士課程家政学研究科児童学専攻修了。95年より、原宿カウンセリングセンター所長。臨床・研究・講演・執筆など、多角的なアプローチで、親子・夫婦関係、アディクション（嗜癖）、暴力、ハラスメントの問題に取り組み続けている。著書に『母・娘・祖母が共存するために』（朝日新聞出版）、『母からの解放 娘たちの声は届くか』（集英社）、『家族のゆくえは金しだい』（春秋社）、『アディクション臨床入門 家族支援は終わらない』（金剛出版）、『加害者は変われるか？ DVと虐待をみつめながら』（ちくま文庫）などがある。

STAFF

ブックデザイン

名和田耕平+木下恵利子

(名和田耕平デザイン事務所)

校正

藤田桃香

編集

ハタノ

毒《どく》親《おや》サバイバル

DOKU-OYA SURVIVAL

2018年8月31日　初版発行
2018年10月20日　再版発行

著者
菊《きく》池《ち》　真《ま》理《り》子《こ》

発行者
川金　正法

発行
株式会社KADOKAWA
〒102-8177　東京都千代田区富士見2-13-3
電話0570-002-301（ナビダイヤル）

印刷所
株式会社光邦